초등학생이 알아야 할

우주
100 가지

초등학생이 알아야 할

우주 100가지

알렉스 프리스, 앨리스 제임스, 제롬 마틴 글

페데리코 마리아니, 쇼 닐센 그림

이강환 옮김

1 우주에서 산다는 것은…

멈추지 않는 회전목마를 타고 있는 것과 같아요.

가만히 있을 때 우리는 움직이지 않는 것처럼 느껴요. 하지만 사실 우리 발아래에 있는 행성은 엄청난 속도로 우주 공간을 질주하고 있어요.

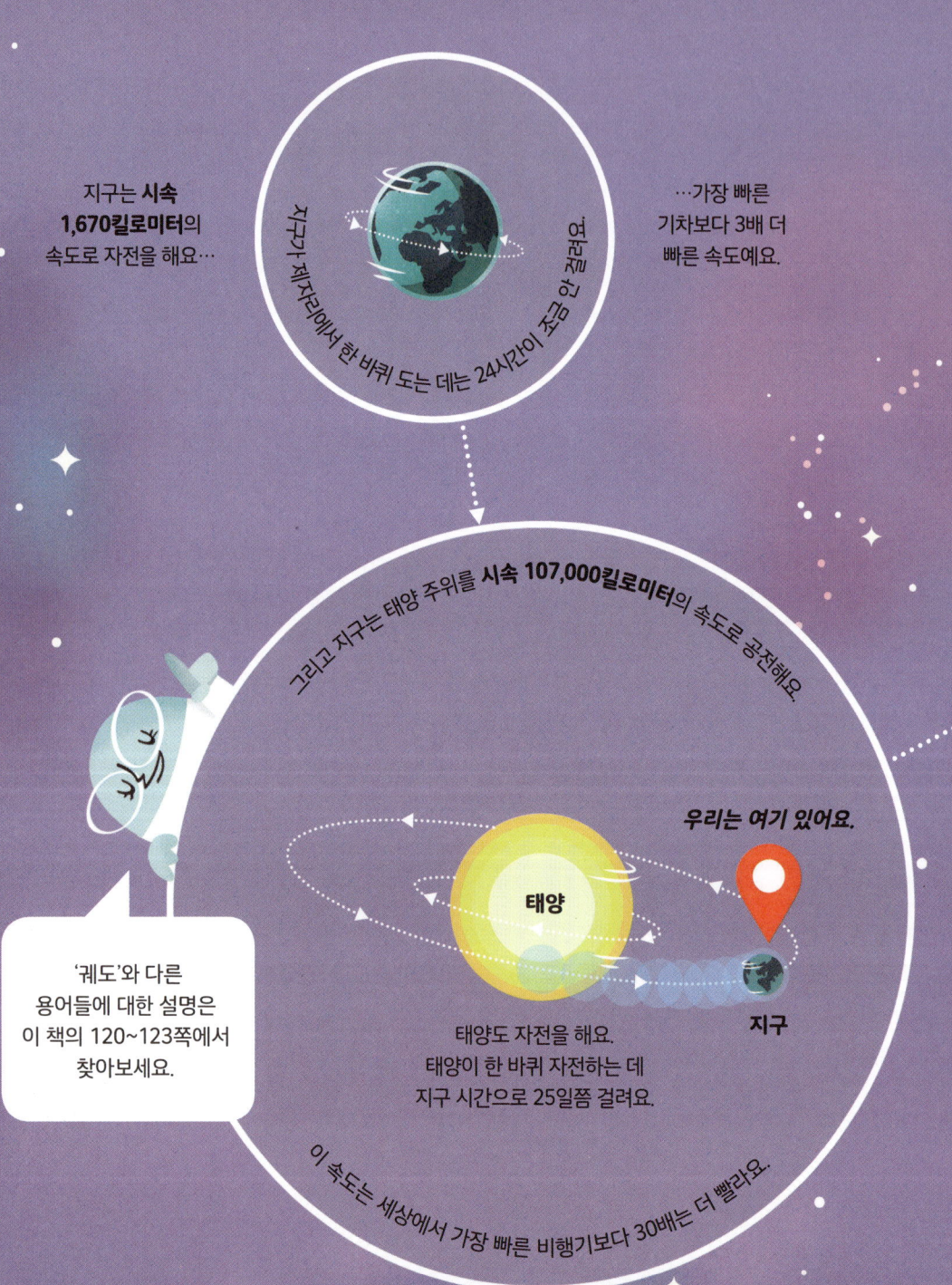

지구는 **시속 1,670킬로미터**의 속도로 자전을 해요…

지구가 제자리에서 한 바퀴 도는 데는 24시간이 조금 안 걸려요.

…가장 빠른 기차보다 3배 더 빠른 속도예요.

그리고 지구는 태양 주위를 **시속 107,000킬로미터**의 속도로 공전해요.

우리는 여기 있어요.

태양

지구

태양도 자전을 해요. 태양이 한 바퀴 자전하는 데 지구 시간으로 25일쯤 걸려요.

이 속도는 세상에서 가장 빠른 비행기보다 30배 더 빨라요.

'궤도'와 다른 용어들에 대한 설명은 이 책의 120~123쪽에서 찾아보세요.

태양과 8개의 행성을 포함하는 **태양계** 전체도 계속 돌아요.
태양계는 **우리 은하**의 중심 주위를 돌아서
엄청나게 긴 궤도를 여행하고 있지요.

태양계가 우리 은하의 중심 주위를 한 바퀴 도는 데 **2억 5,000만 년**이 걸려요.

'우리 은하'는
초거대 블랙홀을
중심으로 돌아요.

우리는 여기 있어요.

태양

태양계는 약 시속 **800,000킬로미터**의 속도로 돌아요...

...이 속도는 우주로 발사되는 로켓보다 20배 더 빨라요.

그러니까 우리가 지금
제자리에서 돌면서
앞으로도 움직인다는
말이야?

그래. 내가
어지러운 게
당연하지.

2 우주는 엄청나게 커요…

너무 커서 얼마나 큰지도 몰라요.

1920년대까지만 해도 천문학자들은 우리 은하가 우주의 전부라고 믿었어요. 하지만 망원경으로 더 멀리 보면 볼수록 더 많은 은하들이 발견되었어요.

> 우리 은하에는 적어도 **2,000억 개**의 별들이 있어요.

우리는 여기 있어요.

국부 은하군
우리 은하를 포함하여
54개의 은하들이
모인 집단.

라니아케아 초은하단
10만개 이상의 은하들이 모인 집단.

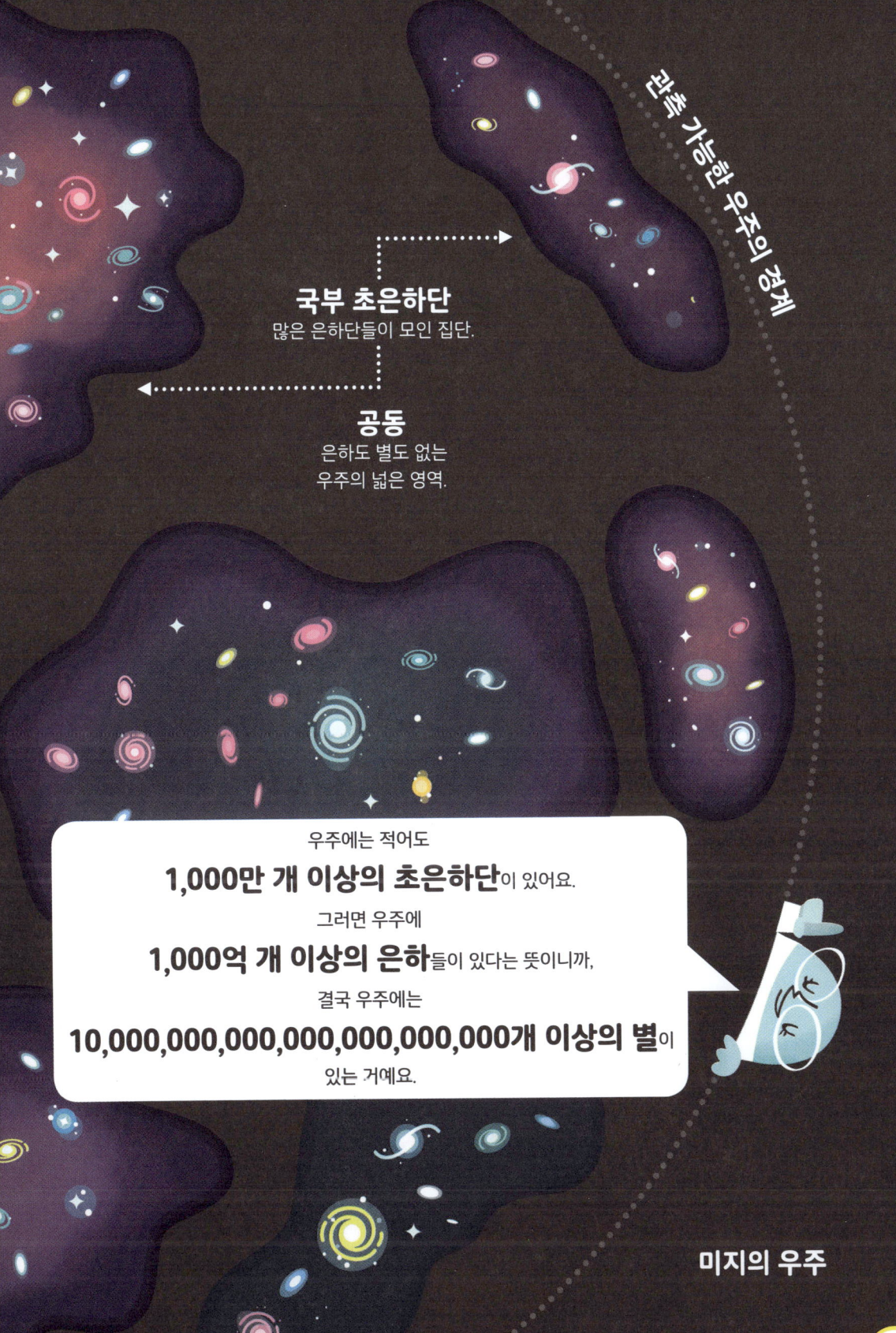

3 우주 비행사가 되려면…

러시아 어를 할 줄 알아야 해요.

대부분의 우주 비행사들은 계기반의 글자가 러시아 어로 쓰여 있는 러시아 로켓을 타고서 우주로 나가요. 국제 우주 정거장에 있는 사람들의 절반 정도가 러시아 사람들이기도 해요.
우주 비행사가 되기 위해 갖추어야 할 자격들을 더 알아볼까요?

수영을 할 줄 알아야 해요

키는 반드시 **157센티미터에서 190.5센티미터 사이**여야 해요.

야생에서 살아남는 훈련을 받아야 해요.

대학에서 과학이나 수학을 전공하고 졸업해야 해요.

제트기를 조종할 수 있어야 해요.

Поехали!
('출발!'을 뜻하는 러시아 어)

4 하루에 해가 15번이나 져요…

국제 우주 정거장(ISS)에서는요.

국제 우주 정거장은 여러 나라가 함께 만들고 여러 나라의 우주인들이 모이는 곳이에요. 92분마다 지구를 한 바퀴 돌기 때문에 국제 우주 정거장에 있는 우주 비행사들은 대략 46분마다 해가 뜨거나 지는 모습을 볼 수 있어요.

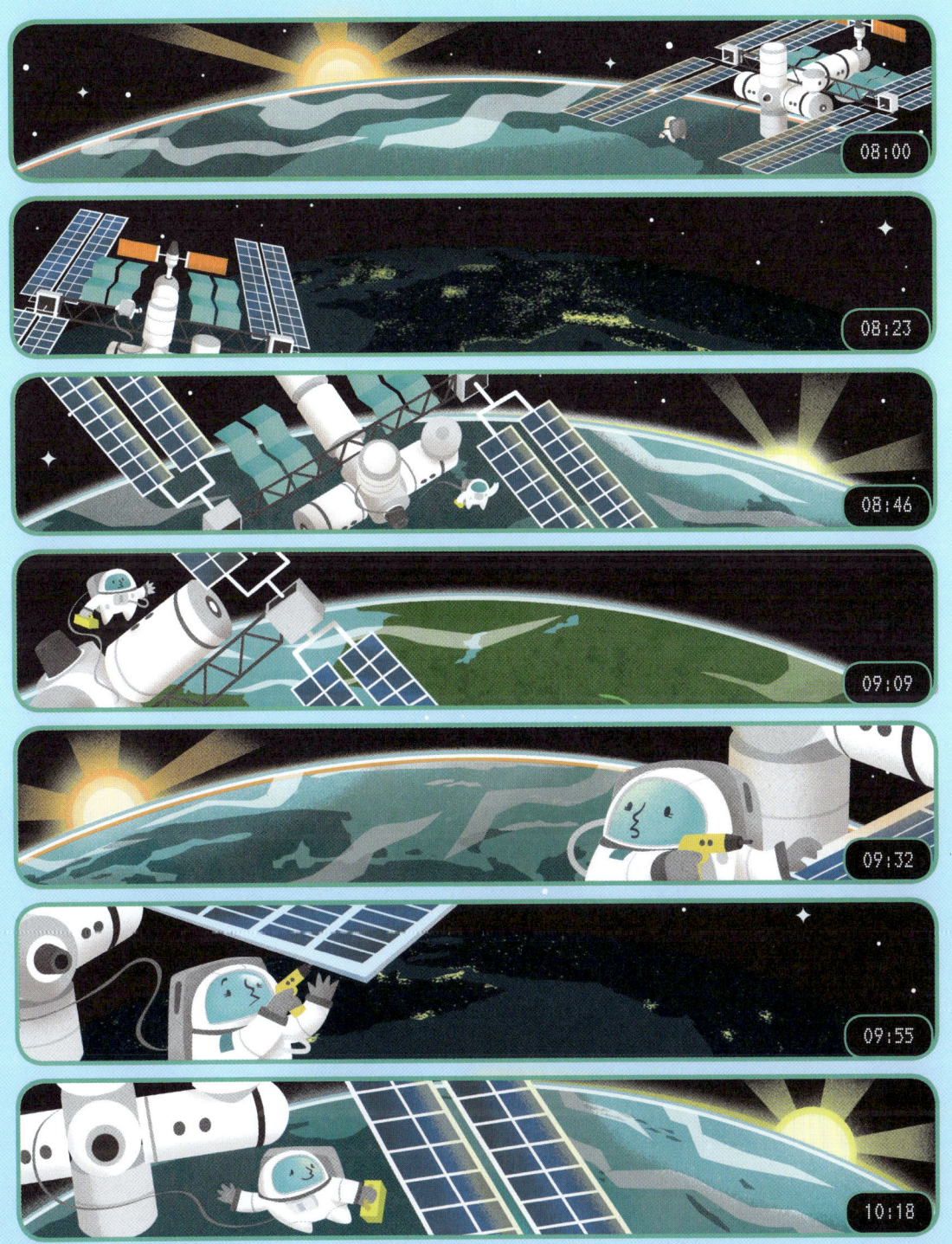

5 마야 인에게 금성은…

전쟁을 계획하는 기준이었어요.

약 1,000년도 전에 중앙아메리카에 살았던 고대 마야 인은 뛰어난 천문학자들이었어요. 마야 인은 때로는 **99.9퍼센트**가 넘는 정확도로 태양, 달, 별, 행성들의 주기적인 움직임을 예측할 수 있었어요.

마야 인은 금성이 **584일**마다 지평선 위의 같은 위치로 돌아온다는 사실을 관측했어요.

마야 인은 **금성을 전쟁의 신**으로 여겼어요. 그래서 금성의 주기적인 움직임 중에서 중요한 순간을 기다렸다가 때맞춰 공격을 개시하기도 했어요.

금성

마야 인들은 365일인 지구의 1년이 시작하는 때가 금성이 지구와 마주보는 주기인 584일의 시작과 **8년에 한 번씩** 일치한다는 사실을 발견했어요.

금성의 5주기

지구의 8년

마야 인들은 이때가 적의 도시를 침략하기에 좋은 시기라고 생각했어요.

6 누군가가 별이 몇 개인지 세어 봤더니…

밤하늘에 보이는 별은 9,096개였어요.

미국의 천문학자 도릿 호플릿은 몇 년에 걸쳐서 눈에 보이는 별들의 목록을 다시 만들었어요. 바로 **예일 밝은 별 목록**이에요. 도릿은 지구에서 모든 방향으로 사람이 맨눈으로 볼 수 있는 별의 수는 최대 9,096개라는 사실을 알아냈어요.

지구의 한쪽 면에서는 전체의 절반만 볼 수 있어요.

손에 들 수 있는 작은 망원경만 있으면 **수백만 개**의 별을 볼 수 있어요.

7 11개가 더 있었어요...

태양계를 이루는 행성 말이에요.

오늘날의 기준에 따르면 태양계의 행성은 **8개**뿐이에요. 하지만 과거에는 '행성'이라고 불린 천체가 **19개**나 되었어요.

현재 태양계를 이루는 천체들
- 행성
- 왜소행성
- 소행성

1800년대에 화성과 목성 사이에서 큰 천체 10개가 발견되었어요. 이 천체들은 당시에 **준행성**으로 분류되었어요.

1850년에 천문학자들은 이 준행성들을 **소행성**으로 다시 분류했어요. 이들이 다른 행성들보다 훨씬 더 작았기 때문이에요.

태양계의 이 영역을 **소행성대**라고 불러요.

명왕성은 1930년에 발견됐어요. 크기가 다른 소행성보다 더 컸기 때문에 **행성**으로 분류되었어요…

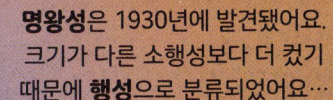
하우메아 마케마케 에리스

천왕성 해왕성 명왕성

…2008년까지는요. 그때까지 천문학자들은 명왕성과 비슷한 천체를 3개 더 발견했어요. 천문학자들은 이 천체들을 행성으로 분류하지 않고 명왕성을 **왜소행성**으로 분류했어요.

목성 토성

외행성

행성이 행성이 아닐 때가 있어요?

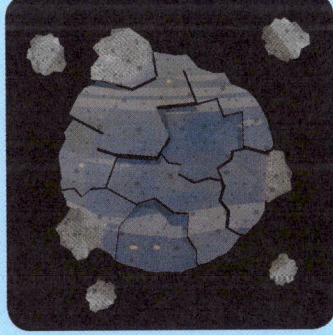

태양계가 태어날 때, 많은 바위와 먼지들이 모여서 크기와 모양이 다양한 덩어리가 여러 개 만들어졌어요.

이 덩어리들 중 일부는 아주 크고 무거워 자신의 중력 때문에 둥근 모양이 되었어요. 이 중에서 가장 큰 것이 행성이 되었어요.

행성들은 만들어지면서 가까이 있는 소행성들을 끌어당겼어요. 왜소행성처럼 작은 덩어리들은 그 정도로 강력하지 못했어요.

8 달을 만든 재료는…

지구에서 왔어요.

과학자들은 지구에 큰 천체가 충돌하여 부서진 지구의 조각이 우주로 날아가 달이 만들어졌다고 생각해요. 날아간 조각 중에서 큰 조각들이 뭉쳐져 달이 된 거예요.

달과 다른 천체들을 만든 주요 재료들을 알려 줄게요.

- 달
- 지구
- 차가운 백색왜성
- 다이아몬드
- 혜성: 얼음, 얼어붙은 기체와 돌
- 토성: 메탄, 황, 암모니아
- 소행성
- 화성: 현무암, 규소, 철 먼지
- 바위, 얼음, 금, 백금
- 은하 사이의 공간: 수소 원자가 약간 있을 뿐 텅 빈 공간

차가운 백색왜성은 탄소가 압력을 받아 뭉쳐져서 만들어졌어요. 다이아몬드가 만들어지는 방식과 같아요.

소행성에 있는 희귀한 금속들은 지구에서는 너무 비싸서 지름 500미터 크기의 소행성이 3,000조 원어치가 될 수도 있어요.

9 우주에서 가장 추운 곳은…

바로 이곳 지구에 있어요.

다음은 우주에서 가장 추운 곳들과 그 온도예요.

달:

-247도

차갑고 어두운 **에르미트 크레이터**의 온도

우주 공간:

-272.15도

빠르게 팽창하는 **부메랑 성운**의 온도

지구:

-273.14도

과학자들이 높은 탑에서 **자성을 띤 가스**를 떨어뜨리는 **실험**으로 기록된 온도

이론상 가장 추운 온도:

-273.15도

절대 영도: 이론적으로 가능한 가장 낮은 온도

과학자들은 **절대 영도**와 고작 수십억 분의 1도쯤 차이 나는 온도를 만들어 냈어요. 하지만 절대 영도에 도달하는 것은 불가능해요.

10 낮에도 별을 볼 수 있어요…

전파 망원경이 있다면 말이에요.

별은 우리가 보는 빛뿐 아니라 전파와 마이크로파를 포함한 모든 종류의 빛을 보내요.
전파 망원경을 사용하는 천문학자들은 밤이 아니라도 이 빛을 추적해서 볼 수 있어요.

별에서 에너지가 물결과 같은 파동으로 와요.

파동으로 우주를 건너오는 에너지는 다양한 길이의 파장을 가지고 있어요.

중간 길이 파장의 에너지는 우리가 볼 수 있는 빛이 되어요.

긴 파장의 에너지는 마이크로파가 되어요.

아주 긴 파장의 에너지는 전파가 되어요.

전파 망원경

전파 망원경은 언제든 별에서 오는 강한 에너지의 파동을 찾아낼 수 있어요. 눈에 보이는 별빛이 태양 때문에 보이지 않는 낮에도 가능하지요.

11 밤하늘도 빛으로 가득 차 있어요…

하지만 볼 수는 없어요.

우주는 무한히 커요. 우리가 어느 방향을 바라보든지 빛을 내는 별을 볼 수 있어요. 그러므로 밤하늘은 밝게 빛나야 하겠지요. 그런데 실제로는 그렇지 않아요.

별은 파동으로 나아가는 빛을 발해요. 이 빛을 가리켜 광파라고 해요.

우주는 팽창하고 있어요. 그래서 별 사이의 거리가 멀어져요. 어떤 별은 우리에게서 빠른 속도로 멀어져서 빛의 파장이 점점 길어져요.

보이는 빛

파장이 길어진 보이지 않는 빛

파장이 길어진 빛은 우리 눈에 보이지 않아요. 만일 우리가 이 빛을 볼 수 있다면 밤하늘은 훨씬 더 밝을 거예요.

12 물리학 법칙이 맞지 않을 때가 있어요…

바로 우주가 태어나는 순간에 그랬어요.

우주는 약 **138억 년 전**에 **빅뱅**이라고 불리는 대폭발로 시작되었어요. 모든 공간과 물질, 에너지가 **특이점**이라고 하는 뜨거운 고밀도의 한 점에서 갑자기 팽창하기 시작했어요.

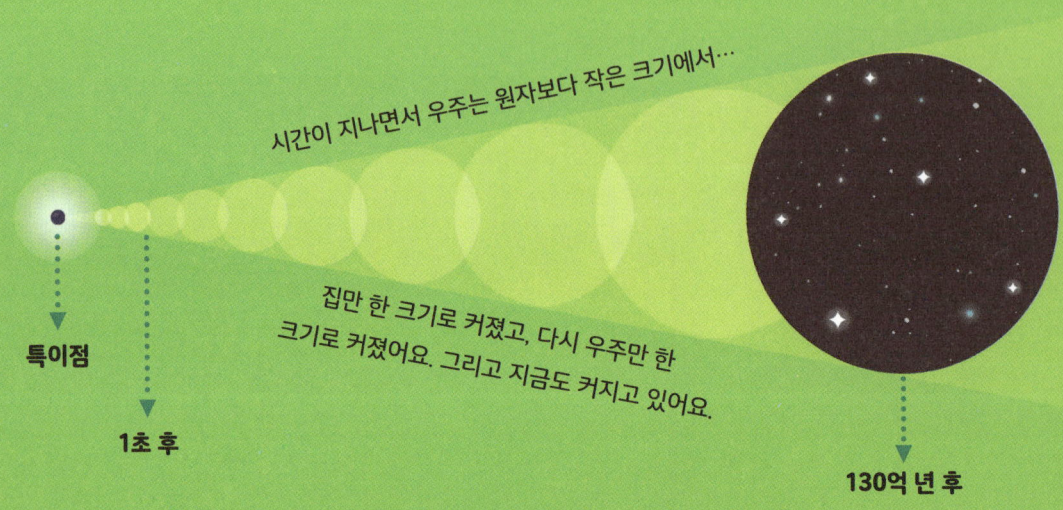

시간이 지나면서 우주는 원자보다 작은 크기에서…

집만 한 크기로 커졌고, 다시 우주만 한 크기로 커졌어요. 그리고 지금도 커지고 있어요.

특이점
1초 후
130억 년 후

과학자들은 우주가 태어난 직후에 일어난 일을 거의 대부분 알게 되었어요. 하지만 처음 0.0000000000000000000000000000000000000000001초 동안 일어난 일은 여전히 의문이에요.

그 짧은 시간 동안의 우주는 너무나 작고, 너무나 뜨겁고(1,000억 도 이상), 너무나 빽빽했어요….

은하나 별은 물론이고 원자조차도 존재하지 않았어요. 시간, 공간, 중력, 빛과 같은 것도 우리가 이해할 수 있는 형태가 아니었어요.

그 최초의 순간에 존재하던 우주는 너무나 이상해서 현재의 수학으로는 도저히 설명할 수가 없어요.

13 월식은…

역사의 방향을 바꾸기도 했어요.

월식이 일어날 때에는 태양, 지구, 달이 나란하게 되고, 달이 지구의 그림자 속으로 들어가면 어두워져요.

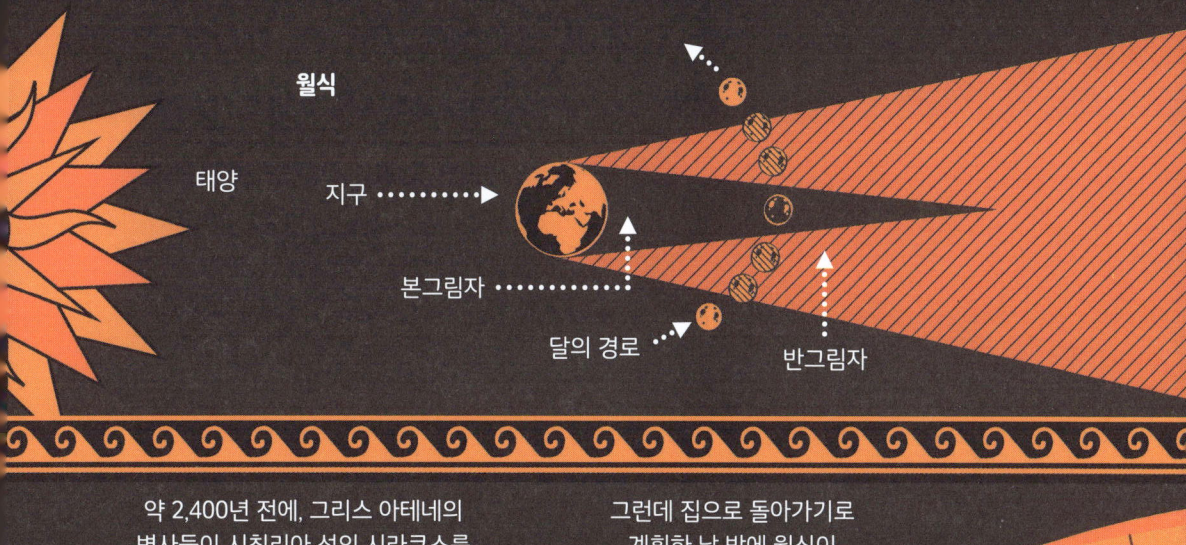

월식

태양 지구 본그림자 달의 경로 반그림자

약 2,400년 전에, 그리스 아테네의 병사들이 시칠리아 섬의 시라쿠스를 공격했어요. 그러나 아테네군은 시라쿠스 안으로 들어갈 수가 없어서 후퇴하기로 결정했어요.

그런데 집으로 돌아가기로 계획한 날 밤에 월식이 일어났어요. 아테네군은 이것을 불길한 징조로 생각하고 바다로 나가지 않았어요.

시라쿠스 인들은 아테네 인들이 머뭇거릴 때를 이용하여 아테네의 배들을 공격했어요. 미신을 믿었던 아테네 인들은 전쟁에서 지고 배와 모든 군사를 잃었어요.

14 태양계의 끝은…

명왕성보다 1,000배나 더 멀어요.

태양과 지구 사이의 거리는 너무 멀어서 과학자들은 **천문단위(AU)**라는 새로운 단위를 만들어 냈어요. 아래 그림은 태양에서부터의 거리를 보여 주지요.

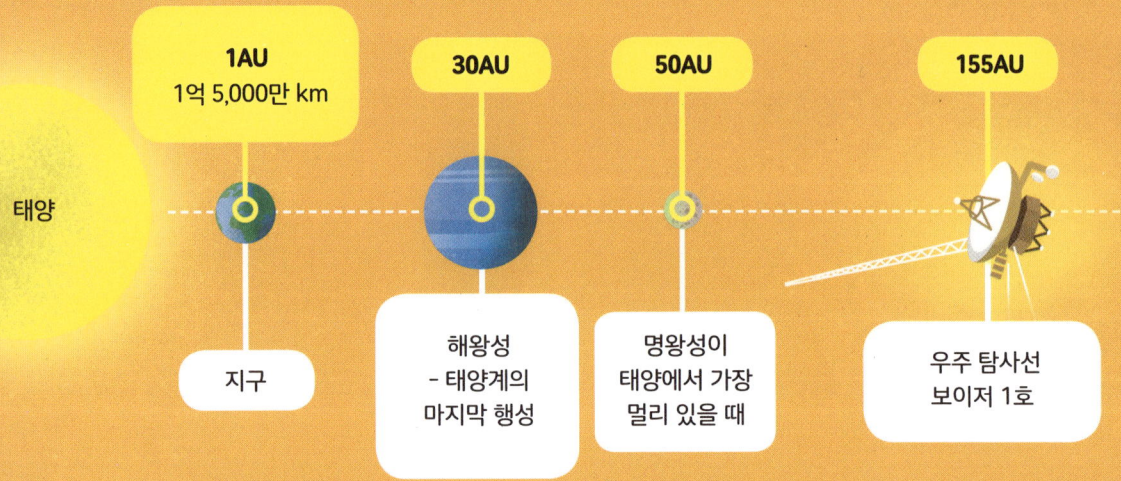

15 관측 가능한 우주의 끝은…

태양에서 460억 광년 떨어져 있어요.

태양계보다 먼 곳은 **광년**이라는 단위를 써요. 광년은 빛이 1년 동안 나아가는 거리예요. 빛은 엄청나게 빠르기 때문에 이 거리는 다른 단위를 쓰기에는 너무 커요.

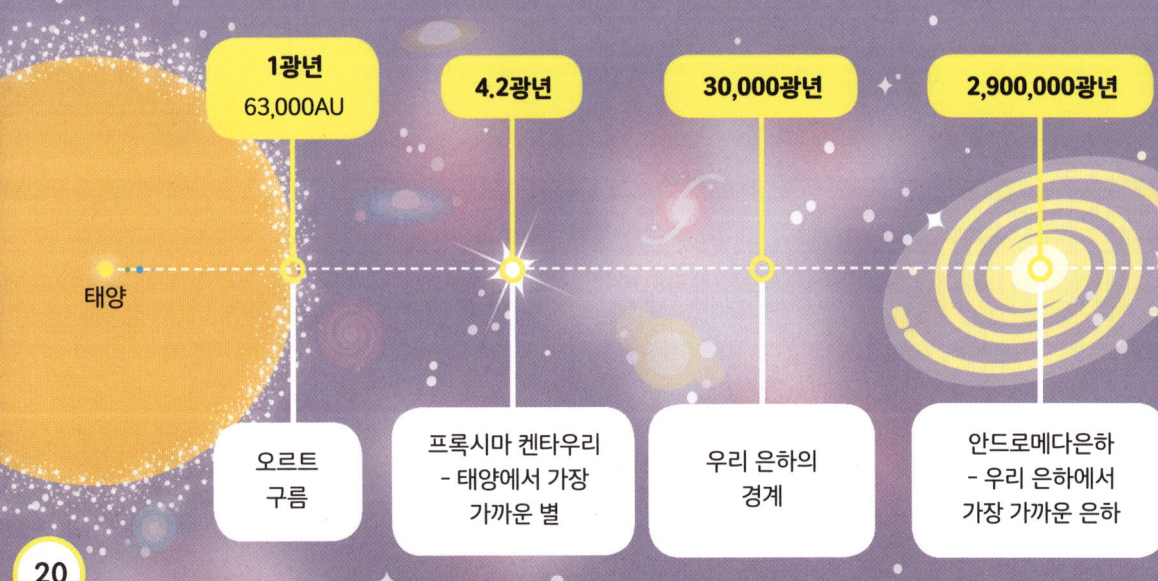

63,000AU

오르트 구름
- 태양계의 바깥을
둘러싸고 있는 얼음
바위로 된 껍질

46,000,000,000광년

관측 가능한
우주의 경계

16 최초의 우주인은…

초파리들이었어요.

우주선을 만들기 시작했을 때, 과학자들은 우주여행이 사람에게 안전할지 알 수 없었어요. 그래서 여러 종류의 동물들을 대신 태워 보냈어요. 초기의 우주 비행사들을 만나 볼까요?

1947년

우주로 간 최초의 동물: 초파리들
V-2 로켓에 실려 **109킬로미터** 높이까지 올라갔다가 살아서 돌아왔어요.

1949년

레서스원숭이 앨버트 2세
우주로 간 최초의 포유류였지만, 지구로 돌아올 때 캡슐이 충돌하여 사망했어요.

1951년

들개 데지크와 사이간
우주로 갔다가 살아서 돌아온 최초의 포유류들이에요. 데지크는 다음 임무 중에 사망했어요.

1959년

토끼 마르퓨사
개 두 마리와 함께 우주로 갔다가 무사히 돌아왔어요.

1961년 1월

침팬지 햄
한 번의 우주 임무를 성공적으로 마친 후 은퇴하여 워싱턴의 미국 국립 동물원으로 갔어요.

1961년 4월

인간 유리 가가린
다른 동물들 수십 마리의 뒤를 이어 1961년 4월, 유리 가가린이 우주로 간 최초의 사람이 되었어요.

17 우주 비행사가 코가 가려울 때는…

헬멧 안에 있는 벨크로® 천 조각에 코를 문질러요.

우주 비행사가 국제 우주 정거장 밖으로 나갈 때는 'EMU'라고 부르는 선외 활동용 우주복을 입어요. EMU에는 어떤 문제도 해결할 수 있는 장치들이 들어 있어요.

금색 창
태양빛으로부터 눈을 보호해요.

전등

발열 장갑
우주 비행사의 손을 따뜻하게 해 줘요.

벨크로® 천 조각
우주 비행사가 코를 긁을 수 있도록 헬멧 안에 붙어 있어요.

밧줄

손목 거울

뒤집혀진 글자
장치들을 조작하는 버튼에 적힌 글자를 좌우가 뒤집혀 있어서 손목 거울을 이용해서 읽어요.

우주복 다리의 줄무늬
우주복마다 달라서 서로 구별할 수 있어요.

제트 추진 장치
우주복 등 쪽에 붙어 있어서 밧줄이 끊어졌을 때 우주선으로 돌아갈 수 있게 해 줘요.

18 공룡에게 망원경이 있었다면…

달에서 폭발하는 화산들을 볼 수 있었을 거예요.

달의 표면에는 바다라고 불리는 넓고 어두운 지역이 있어요. 10억 년 전보다 더 옛날에 화산 폭발로 만들어진 용암이 굳어서 형성된 곳이에요.

그런데 최근에 천문학자들이 이보다 훨씬 더 후인, 불과 5,000만 년에서 1억 년 전에 만들어진 작은 용암 지역들을 발견했어요.

그러니까 공룡이 살던 시대에도 화산들이 폭발하고 있었다는 말이에요.

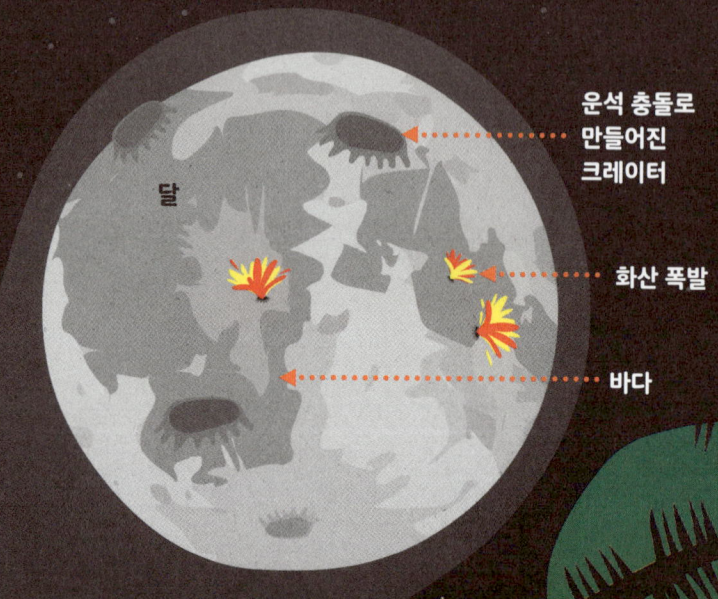

운석 충돌로 만들어진 크레이터

달

화산 폭발

바다

19 우주에 있는 구름 중에는…

라즈베리 맛이 나는 것이 있어요.

우리 은하의 중심 부근에는 '궁수자리 B2'라는 이름의 거대하고 밝은 먼지와 기체 구름이 있어요. 이 구름의 크기는 150광년이고, 여기서 수많은 별들이 새로 만들어지고 있어요.

궁수자리 B2 안에서 떠다니는 기체와 먼지 입자들은 서로 반응하고 결합해서 여러 종류의 분자로 바뀌어요.

그 구름에서 발견된 분자 중에는 **폼산 에틸**도 있어요. 지구에서는 **라즈베리 맛**을 내는 물질이지요.

만일 폼산 에틸을 한입 먹을 수 있다면 라즈베리 맛과 비슷한 맛을 느낄 거예요.

하지만 궁수자리 B2 안에서 떠다니는 모든 분자들의 맛을 보려고 하지는 마세요.

그 구름에는 위험한 독성 화학물인 **프로필 시아나이드**도 들어 있거든요.

20 달의 병균에 대한 공포 때문에…

아폴로 우주 비행사들은 몇 주 동안이나 갇혀 있었어요.

1969년에 달에 갔다가 돌아온 아폴로 11호 우주 비행사들은 **검역소**에 3주 동안 갇혀 있었어요. 달에서 혹시 옮아왔을지도 모르는 미지의 병균이 퍼지는 것을 막기 위해서였어요.

태평양에 착륙한 뒤 우주 비행사들은 구조선으로 옮겨졌어요.

우주 비행사들은 보호복을 입은 채로 특수 제작된 트레일러에 갇혔어요. 감염을 막기 위해서 사람은 물론이고 아무것도 들어가거나 나올 수 없었어요.

그 트레일러 안에서 우주 비행사들은 닉슨 미국 대통령을 만났어요.

우주 비행사들은 트레일러에 실린 채로 비행기로 텍사스에 있는 특수한 실험실로 옮겨졌어요.

우주 비행사들은 우주에는 고작 **8일**간만 있었지만 검역소에서는 **21일**이나 있었어요.

나중에 우주 비행사 버즈 올드린은 검역소 트레일러 안에서 **개미**들을 봤다는 사실을 고백했어요.

그러니까 만일 정말로 달에서 온 병균이 있었다면 충분히 탈출해서 퍼질 수 있었을 거예요.

21 화성에 있는 로봇은…

생명체의 재료들을 발견했어요.

자동차 크기의 탐사 로봇 '큐리오시티'는 화성의 표면을 탐사하고 있어요. 그 안에는 화성의 흙에서 생명체가 존재할 수 있게 해 주는 화학 성분들을 조사하는 실험실이 있어요.

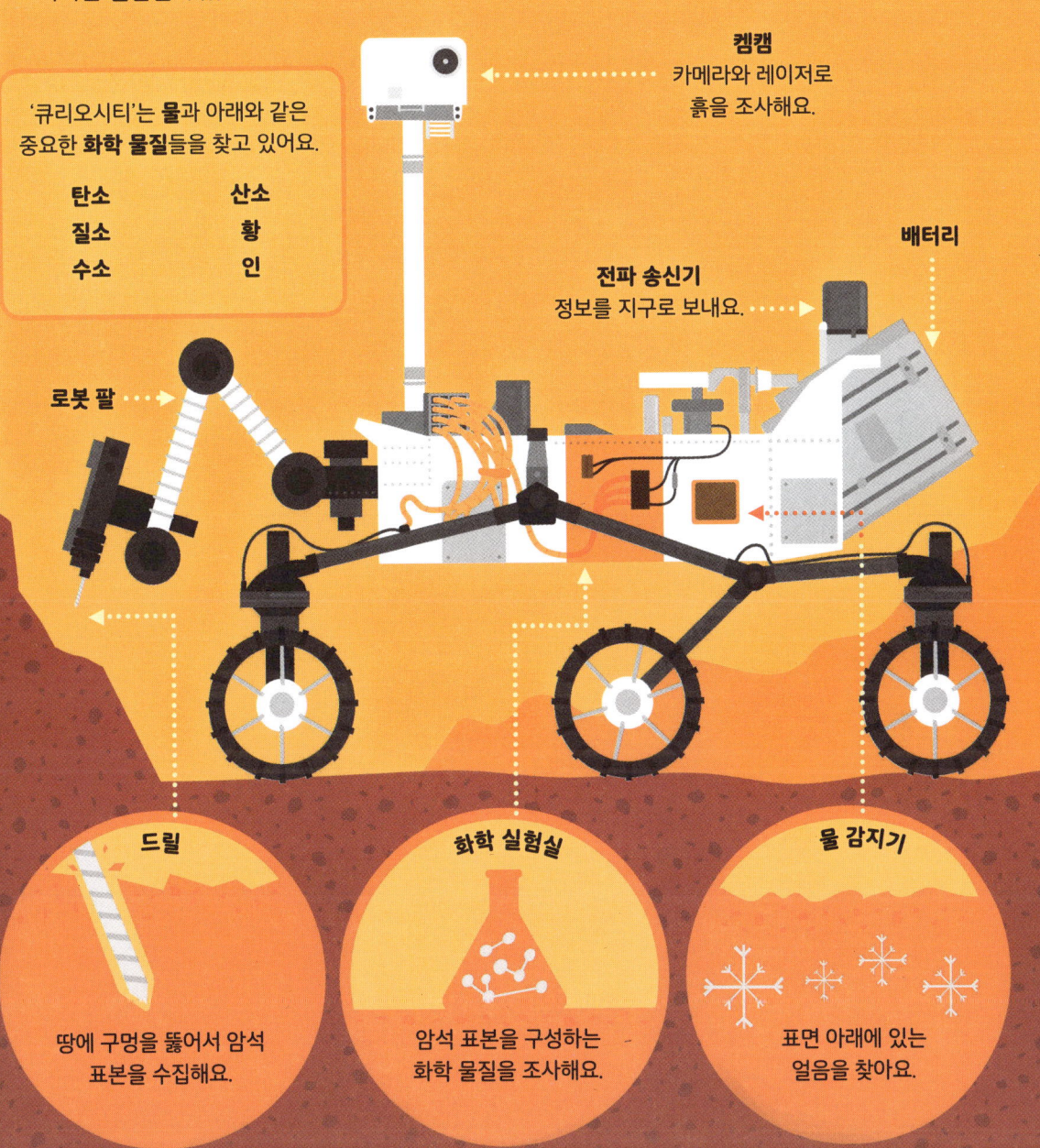

'큐리오시티'는 **물**과 아래와 같은 중요한 **화학 물질**들을 찾고 있어요.

탄소	산소
질소	황
수소	인

켐캠 — 카메라와 레이저로 흙을 조사해요.

로봇 팔

전파 송신기 — 정보를 지구로 보내요.

배터리

드릴 — 땅에 구멍을 뚫어서 암석 표본을 수집해요.

화학 실험실 — 암석 표본을 구성하는 화학 물질을 조사해요.

물 감지기 — 표면 아래에 있는 얼음을 찾아요.

'큐리오시티'의 임무는 본래 2년으로 계획되었지만, 지금도 화성에서 조사를 이어가고 있어요. 2012년에 화성에 착륙한 이후, 얼음 상태로 있는 많은 양의 물뿐 아니라 생명체 구성에 필요한 여섯 가지 화학 물질을 모두 찾아냈어요. 과학자들은 이제 화성에는 과거에 생명체가 살았다고 생각하며, 어쩌면 지금도 살고 있을지 모른다는 예측도 하고 있어요.

22 달에 간 우주 비행사들은…

탐험한 시간보다 쉬는 시간이 더 많았어요.

아폴로 우주 비행사들은 수십만 킬로미터를 날아서 달에 도착했어요. 하지만 달을 탐사하는 데 모든 시간을 사용할 수는 없었어요. 우주 비행사들이 맑은 정신을 유지하기 위해서는 휴식 시간을 길게 잡아야 했어요.

아래 그림은 달을 탐사한 처음과 마지막 우주 비행사들이 먹고, 자고, 일하고, 탐사하는 데 얼마만큼의 시간을 사용했는지 보여 줍니다.

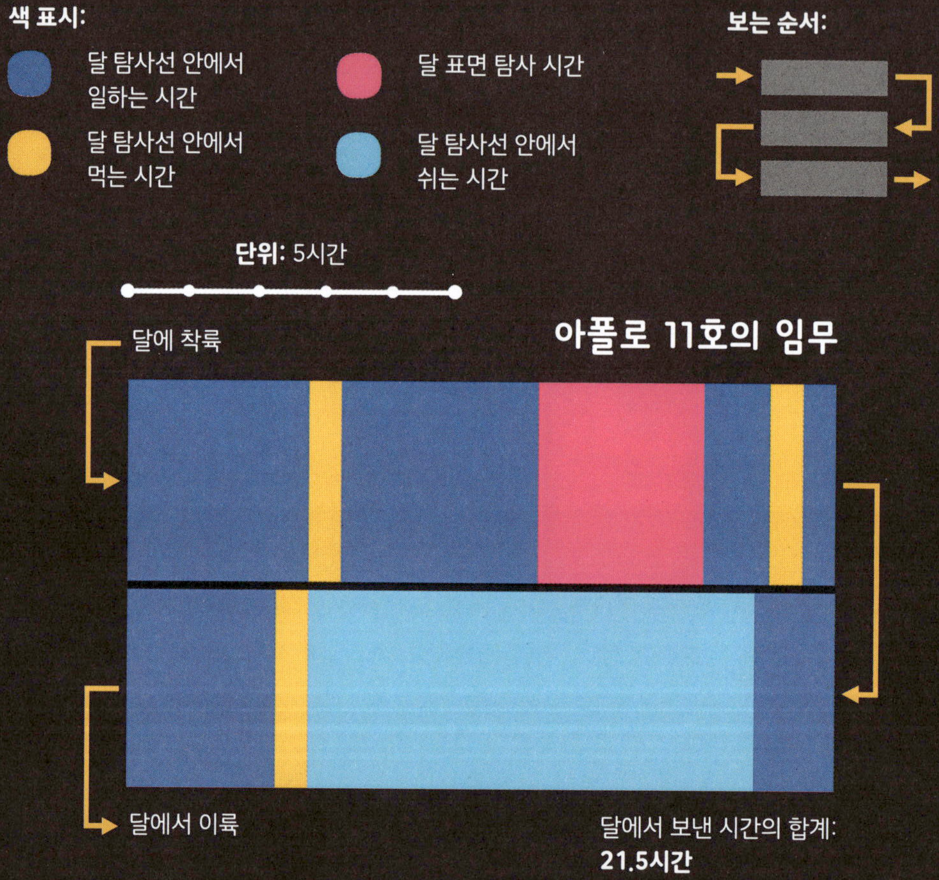

색 표시:
- ● 달 탐사선 안에서 일하는 시간
- ● 달 탐사선 안에서 먹는 시간
- ● 달 표면 탐사 시간
- ● 달 탐사선 안에서 쉬는 시간

보는 순서:

단위: 5시간

아폴로 11호의 임무

달에 착륙

달에서 이륙

달에서 보낸 시간의 합계: **21.5시간**

닐 암스트롱은 달에서 잠을 자는 데 어려움을 겪었어요. 그 이유 중 하나는 달 탐사선 창밖에서 지구가 너무 밝게 빛나고 있었기 때문이에요.

> 저는 달에서 잠을 자는 것은 인간이 생각할 수 있는 **가장 큰 시간 낭비**라고 생각했어요. 하지만 잠을 자야만 했어요. 너무나 피곤했기 때문에 다른 방법이 없었어요.
> −아폴로 17호 사령관 유진 서난

아폴로 17호의 임무

달에 착륙

달에서 이륙

달에서 보낸 시간의 합계: **75시간**

23 천문학자들은 외계인들을 찾아요…

방정식을 통해서요.

천문학자 프랭크 드레이크는 우리 은하에 우리와 교신할 수 있는 생명체가 살고 있는 행성이 얼마나 있을지 대략이나마 추정하기 위해서 방정식을 하나 만들었어요. 모든 사람이 결과로 나온 숫자에 동의하는 것은 아니지만 대부분의 과학자들은 **드레이크 방정식**이 좋은 출발점이라고 생각해요.

단순화한 드레이크 방정식의 계산 방법은 아래와 같아요.

$$R^* \times f_p \times n_e \times f_l \times f_i \times f_cL = N$$

- 생명체가 살 수 있는 **지구와 유사한 행성**의 비율
- 지적 생명체가 **통신 기술**을 개발했을 비율과 통신하는 **기간**
- 우리 은하에 있는 **행성들의 수**
- **지적 능력**을 갖춘 생명체가 있을 비율
- 실제로 **생명체가 살고 있는** 행성의 비율
- 우리 인간과 교신할 수 있는 생명체가 살고 있는 행성의 수

사용하는 숫자에 따라 달라지겠지만 대부분의 과학자들은 드레이크 방정식의 답이 **수백만**은 될 것이라고 생각해요.

기술이 발전할수록 숫자들은 더 정확해질 거예요.

24 우주에서 소행성들을 피하는 것은…

사실 그렇게 어렵거나 위험하지 않아요.

영화나 게임에서는 능숙한 우주 비행사가 태양계를 날아갈 때 소행성대를 아슬아슬하게 피하는 장면이 자주 등장하죠. 하지만 사실 소행성들은 서로 너무 멀리 떨어져 있어서 피하는 것보다 부딪히는 것이 더 어려워요.

화성과 목성 궤도 사이에 수백만 개의 소행성들이 모여 있는 지역이 있어요. 이곳을 **소행성대**라고 부르지요.

소행성의 크기는 폭이 **수 미터**에서 **1,000킬로미터**에 이를 만큼 다양해요.

지금까지 15대 이상의 탐사선들이 소행성대를 아무 문제없이 지나갔어요.

소행성대란 이름 때문에 마치 많은 바위들이 띠를 이루듯 모여 있다고 생각할 수 있어요. 하지만 사실 대부분의 소행성들은 서로 지구와 달 사이 거리보다 더 멀리 떨어져 있어요.

소행성에 부딪힐 확률은 대서양을 항해하다가 유럽이나 아메리카 대륙에 부딪힐 확률보다 낮아요.

25 최초의 로켓을 만들기 위해서···

베르너 폰 브라운은 로켓에 폭탄을 실었어요.

독일의 과학자 베르너 폰 브라운은 사람을 다른 세계로 보내는 우주선을 만들고 싶었어요. 하지만 폰 브라운이 처음 맡은 일은 폭탄을 운반하는 로켓을 만드는 것이었어요. 그 로켓은 제2차 세계 대전에 사용되었어요.

1912년
베르너 폰 브라운은 지금의 독일인 프로이센에서 태어났어요.

1924년
어린 베르너는 빈 수레에 불꽃놀이용 불꽃을 묶어서 빠르게 달리게 만들었어요.

1930년대
로켓 과학의 선구자였던 헤르만 오베르스의 영향을 받은 폰 브라운은 과학과 수학 과목에 열중했어요.

폰 브라운의 말에 따르면 그 로켓은 "완벽하게 작동했지만 엉뚱한 곳에 착륙"했어요.

1945년
전쟁이 끝난 후 폰 브라운은 미국에 항복했어요. 미국은 그에게 새로운 로켓 미사일을 만들도록 하였어요.

1944년
제2차 세계 대전 동안 폰 브라운은 독일 정부를 위해서 일을 했어요. 그는 로켓으로 발사되는 V-2를 만들었어요.

1950년대
미국은 우주로 먼저 나가기 위해 라이벌인 소련과 경쟁을 하고 있었어요. 드디어 폰 브라운은 우주선용 로켓을 만들 수 있게 되었어요.

1969년
폰 브라운의 로켓 새턴 V는 아폴로 11호를 발사하는 데 사용되었어요. 우주 비행사를 처음으로 달에 데려간 아폴로 11호를 쏘아 올렸지요.

26 지구의 모든 생명은 어쩌면…

우주에서 왔는지도 몰라요.

지구 최초의 생명체는 약 36억 년 전에 나타났어요. 그 시기에 우주에서 수많은 소행성들이 날아와서 지구와 충돌했어요.

지구
36억 년 전

이 소행성들 중의 일부에는 작은 미생물들이 있었을 가능성이 있어요. 어쩌면 다른 행성에서 온 것일 수도 있죠.

우리의 새집이야!

극한 생물이라고 부르는 어떤 생물들은 대기가 없는 소행성에서도 살아남을 수 있어요. 생물이 우주 어디에나 있으며 소행성을 통해서 퍼져 나간다는 이론을 **범종설(판스페르미아설)**이라고 해요.

여러 분야의 과학자들이 이 이론을 지지하고 있어요.

이봐! 이건 원래 내 아이디어였다고.

켈빈 경
물리학자
(영국, 1870년대)

스반테 아레니우스
화학자
(스웨덴, 1900년대)

찬드라 위크라마싱에
천문학자
(스리랑카/영국, 1970년대)

아낙사고라스
철학자
(그리스, 기원전 450년경)

27 우주는 3차원으로 보이지만…

실제로는 4차원으로 이루어져 있어요.

우리 주위의 모든 것은 **3개의 차원**을 가져요. 길이, 너비, 높이죠. 행성이나 별들도 마찬가지예요. 하지만 대부분의 과학자들은 우주 전체를 묘사하기 위해서는 적어도 **4개의 차원**이 필요하다고 말해요.

1차원 물체는 우주만큼 길거나, 점만큼 짧은 선으로 나타낼 수 있어요.

2차원 물체는 사각형처럼 선으로 그릴 수 있는 것이에요.

길이 / 너비

입방체는 **3차원** 물체예요.

길이 / 너비 / 깊이

입방체에 **4번째 차원**을 더하면 **초입방체**가 만들어져요. 하지만 우리는 네 번째 차원을 볼 수 없기 때문에 초입방체를 그리는 것이 불가능해요.

우주는 계속해서 팽창하며 변하고 있어요. 일정한 모양을 유지하지 않아요. 과학자들은 **시간**이 네 번째 차원이라고 생각하고 있어요.

시간이 시작될 때의 우주는 무한히 작은 점이었어요.

현재의 우주는 거대하고 계속 변하며 팽창하고 있어요.

현재의 우주?

28 나사의 발사체 조립 빌딩은 너무 커서…

이 건물만 날씨가 달라질 정도예요.

미국 플로리다에 있는 나사(NASA)의 발사체 조립 빌딩(VAB)은 거대한 로켓을 수직으로 세운 채로 조립하고 발사 준비를 할 수 있도록 지어졌어요. 이 빌딩은 너무 커서 따뜻한 날에는 실내에서 비구름이 만들어질 수도 있어요.

발사체 조립 빌딩의 높이는 약 **160미터**로 역사상 하나의 층이 가장 높은 건물이에요.

발사체 조립 빌딩의 문은 **139미터** 높이로 아주 커요. 문이 다 열리는 데만 45분이 걸려요.

29 우주 정거장과 인공위성들은…

소리보다 빠른 속도로 우주 공간을 움직여요.

지구 주위에서 수천 개의 인공위성과 하나의 우주 정거장이 돌고 있어요.
밤하늘에서 우주 정거장과 인공위성들을 찾아보면 지구 주위를 천천히 도는 것처럼 보일 거예요.
하지만 실제로는 아주 빨리 움직여요.

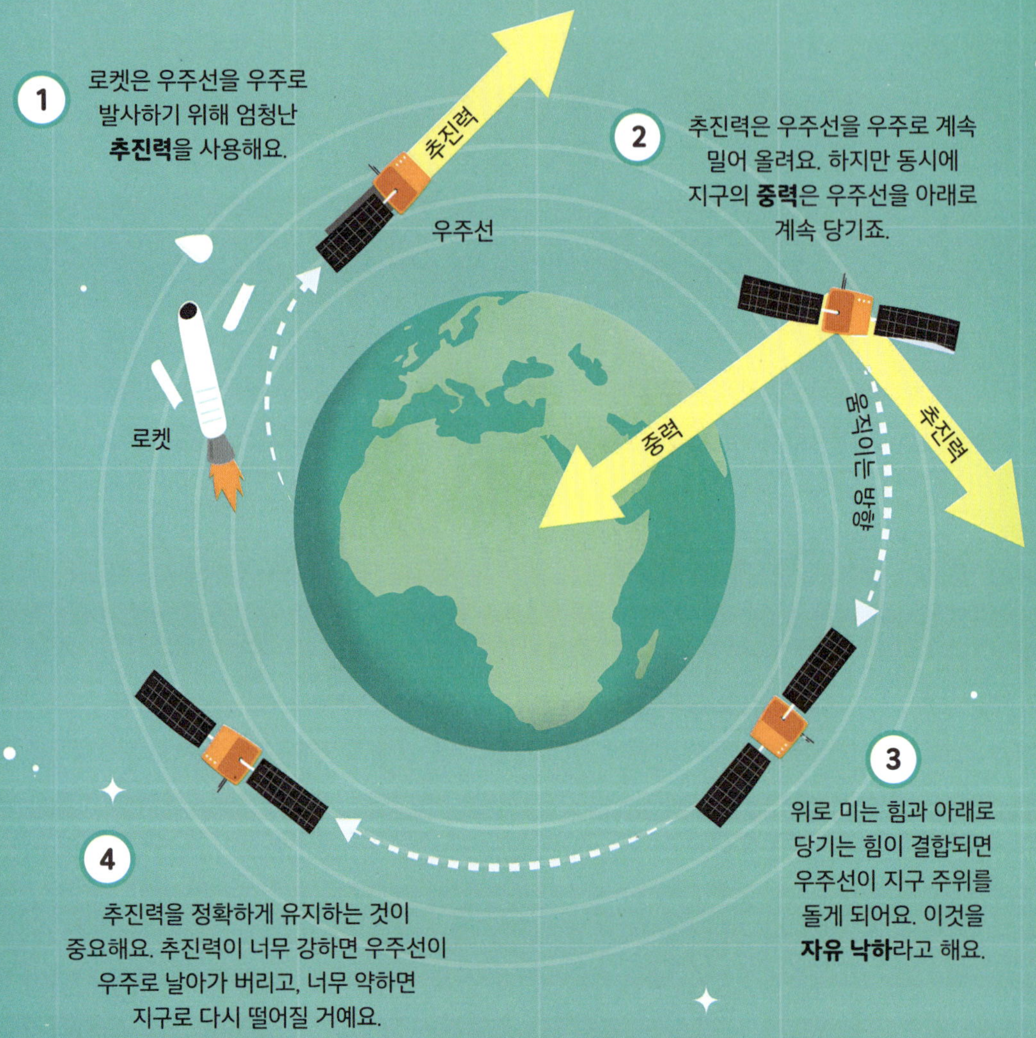

1
로켓은 우주선을 우주로 발사하기 위해 엄청난 **추진력**을 사용해요.
추진력
우주선
로켓
2
추진력은 우주선을 우주로 계속 밀어 올려요. 하지만 동시에 지구의 **중력**은 우주선을 아래로 계속 당기죠.
중력
추진력
움직이는 방향
3
위로 미는 힘과 아래로 당기는 힘이 결합되면 우주선이 지구 주위를 돌게 되어요. 이것을 **자유 낙하**라고 해요.
4
추진력을 정확하게 유지하는 것이 중요해요. 추진력이 너무 강하면 우주선이 우주로 날아가 버리고, 너무 약하면 지구로 다시 떨어질 거예요.

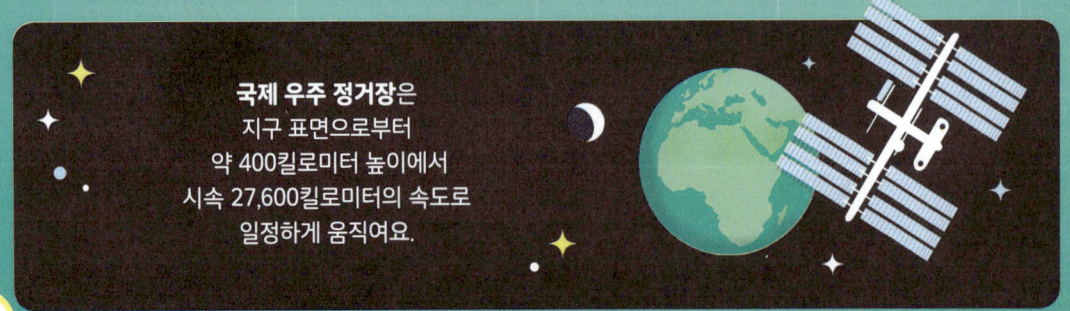

국제 우주 정거장은
지구 표면으로부터
약 400킬로미터 높이에서
시속 27,600킬로미터의 속도로
일정하게 움직여요.

30 우주 비행사들은 떠 있는 것이 아니라…

떨어지고 있는 거예요.

궤도를 도는 우주선에 타는 것은 아래로 떨어지면서 바닥에는 절대 닿지 않는 승강기를 타는 것과 같아요.

위로 올라가는 승강기를 상상해 보아요.

우주까지 올라가 버린 승강기예요.

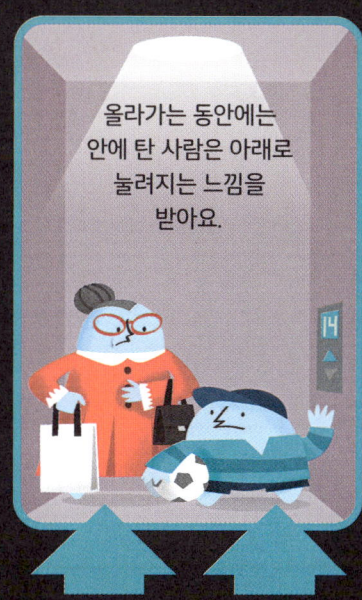

올라가는 동안에는 안에 탄 사람은 아래로 눌려지는 느낌을 받아요.

지구의 중력 때문에 승강기가 떨어지기 시작해요. 승강기가 충분히 높이 있고 충분히 빠르게 움직이고 있다면, 지구 궤도로 들어갈 거예요.

처음에는 아주 빠르게 떨어지는 것처럼 느껴져요.

그리고 안에 탄 사람들은 바닥에서 발이 떨어져요. 곧 아주 빠르게 떨어지는 **자유 낙하** 상태가 되어요.

자유 낙하는 떠 있는 것과 같이 보이고 느껴져요.

이 느낌을 가리켜 **무중력 상태**라고도 해요.

31 우주에서는 절대로…

후추를 갈면 안 돼요.

우주 정거장의 내부는 사실상 무중력 상태예요. 그래서 요리할 때도 아주 조심해야 해요. 우주 비행사들은 특별하게 선택되어 준비된 포장 음식을 가지고 우주로 가요.

후춧가루처럼 흩어져서 공기 중에 떠다닐 수 있는 음식은 허용되지 않아요.

국제 우주 정거장에서 소금과 후추는 병에 담아 짤 수 있는 액체 형태로 준비되어 있어요.

부스러기가 생기는 걸 피하려고 우주 비행사들은 빵 대신 토르티야 랩을 먹어요.

대부분의 우주 음식은 습기가 많고 끈적끈적해요. 그래야 음식이 숟가락이나 그릇에 잘 붙어 있거든요.

이유는 아무도 모르지만 무중력 환경에서 살면 입맛이 둔해져요…

그래서 우주 비행사들은 음식에 핫 소스를 뿌려 먹는 것을 좋아해요.

음식이 접착식 포장지에 들어 있어서 우주 비행사들은 적당한 곳에 붙여 놓곤 해요.

나이프와 포크는 자석으로 만들어져서 공중에 떠다니지 않고 금속 식판에 붙어 있어요.

32 태양 안에는 지구가⋯

100만 개가 넘게 들어가요.

부피로 따지면 태양은 지구보다 130만 배 더 커요. 하지만 **무게**로 따지면 태양은 지구의 33만 배밖에 되지 않아요.

지구는 대부분 서로 가까이 붙어 있는 고체와 액체로 이루어진 단단한 구형이에요.

태양은 대부분 기체와 아주 뜨겁고 자성을 띤 플라스마라는 형태의 물질로 이루어져 있어요. 한데 모여 거대한 구를 이루고 있지만 지구의 물질과 비교하면 태양을 이루는 물질은 그렇게 무겁지 않아요.

33 로켓 연료는…

가장 뜨거운 용암보다 두 배나 더 높은 온도에서 타요.

로켓 엔진 내부의 온도는 **3,315도**까지 오를 수 있어요. 암석을 녹이고 철을 끓이기에 충분한 온도예요.

로켓 엔진은 연료를 태워 매우 뜨겁고 빠르게 팽창하는 기체의 흐름을 만들어요.

그렇게 생겨난 기체는 노즐을 통해 아래로 발사되어 로켓을 위로 밀어 올려요.

로켓에서 배출되는 기체의 속도는 **12마하보다 빨라요.** 소리의 속도보다 12배 이상 빠르죠.

34 지구의 핵은...

태양의 표면보다 뜨거워요.

지구의 내핵은 엄청나게 압축되어 결정화된 단단한 철로 되어 있어요. 이 내핵은 조금 더 온도가 낮은, 용융된 철로 된 외핵에 둘러싸여 있어요.

35 우주 탐사 경쟁은…

총탄 없는 전쟁이었어요.

제2차 세계 대전이 끝난 후 미국과 소련은 강력한 라이벌이 되었어요. 두 나라는 새로운 로켓과 우주선을 개발하여 사람을 우주로 보내고 결국에는 달을 탐사하기 위해서 경쟁했어요.

우주에서, 각 나라들은 폭력에 기대지 않고서도 기술력과 군사력을 과시할 수 있었어요.

소련(Soviet Union)
1966년 2월
최초의 달 착륙선: 무인 우주선 루나 9호

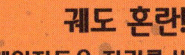
궤도 혼란!
게임자들은 자리를 바꾸시오.

소련(Soviet Union)
1965년 3월
최초의 우주 유영: 알렉세이 레오노프

미국(United States)
1968년 12월
달 궤도에 최초로 도착한 인류: 아폴로 8호의 우주인들

우주선 추락!
한 번 쉬세요.

미국(United States)
1969년 7월
인류 최초의 달 착륙: 아폴로 11호의 우주인 닐 암스트롱과 버즈 올드린

아폴로 계획의 성공으로 우주 경쟁은 끝이 보였어요.

달 착륙!

36 우주에는 스파이가…

쓰레기로 변장하고 있어요.

몇몇 정부에서는 첩보 위성을 우주로 보내 적에 대한 정보를 몰래 수집하고 있어요. 첩보 위성에 대한 모든 것이 철저하게 숨겨져 있어요.

첩보 위성들은 만들어지는 동안 절대 발견되지 않고, 밤에 발사되며, 몇 사람을 제외하고는 어떻게 생겼는지도 알 수 없어요.

첩보 위성을 만든 사람들은 위성에 대한 허위 정보를 뿌려요. 텔레비전 방송을 위해 사용되는 것처럼 위장하기도 해요.

일단 우주로 올라가면 첩보 위성은 변장을 해요. 모든 신호를 꺼서 마치 고장이 나 사용되지 않는 우주 쓰레기처럼 보이게 꾸며요. 필요할 때는 언제든지 다시 켤 수 있지요.

첩보 위성들은 비밀스러운 사진을 찍어요. 일급비밀 일급비밀 일급비밀 일급비밀 일급 비밀 일급비밀 일급비밀 일급비밀 일급비밀 일급비밀 그 사진은 암호화되어서 도중에 가로채는 것이 거의 불가능한 전송 시스템을 통해 지구로 보내져요.

37 큰 별 안에는…

작은 별 하나가 숨어 있는 경우가 있어요.

천문학자들은 아주 드물게 **적색 초거성**이 **중성자별**을 삼킨다고 믿고 있어요. 이렇게 합쳐진 별은 **손-지트코프 천체**라고 불려요.

적색 초거성은 엄청나게 크고 차가운 별이에요.

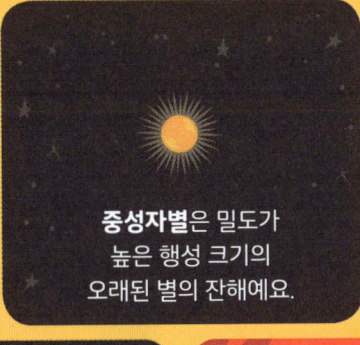

중성자별은 밀도가 높은 행성 크기의 오래된 별의 잔해예요.

적색 초거성이 식으면서 팽창할 때는…

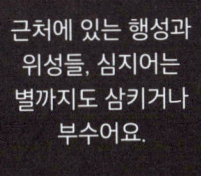

근처에 있는 행성과 위성들, 심지어는 별까지도 삼키거나 부수어요.

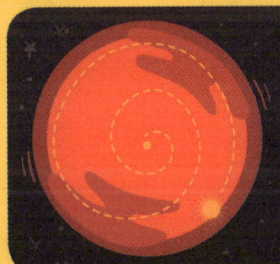

하지만 중성자별은 너무 단단해서 부서지지 않고, 나선을 그리며 적색 초거성의 중심부로 들어가요.

두 개의 별이 합쳐지면 **손-지트코프** 천체가 되어요. 이 별은 적색 초거성보다 더 밝게 빛나면서 희귀 원소들을 우주로 내보내요.

손-지트코프 천체라는 이름은 이런 천체가 존재할 가능성을 처음으로 제안한 두 천문학자의 이름을 딴 것이에요.

킵 손   애너 지트코프

38 거대한 소행성이 지구와 충돌하는 것은…

시간문제일 뿐이에요.

매년 수백 개의 소행성들이 지구 근처를 지나가요. 그리고 더 많은 소행성들이 지구 대기에서 타서 문제를 일으키지 않고 없어져요. 하지만 약 1,200년에 한 번씩 큰 소행성이 지표면에 충돌하곤 해요.

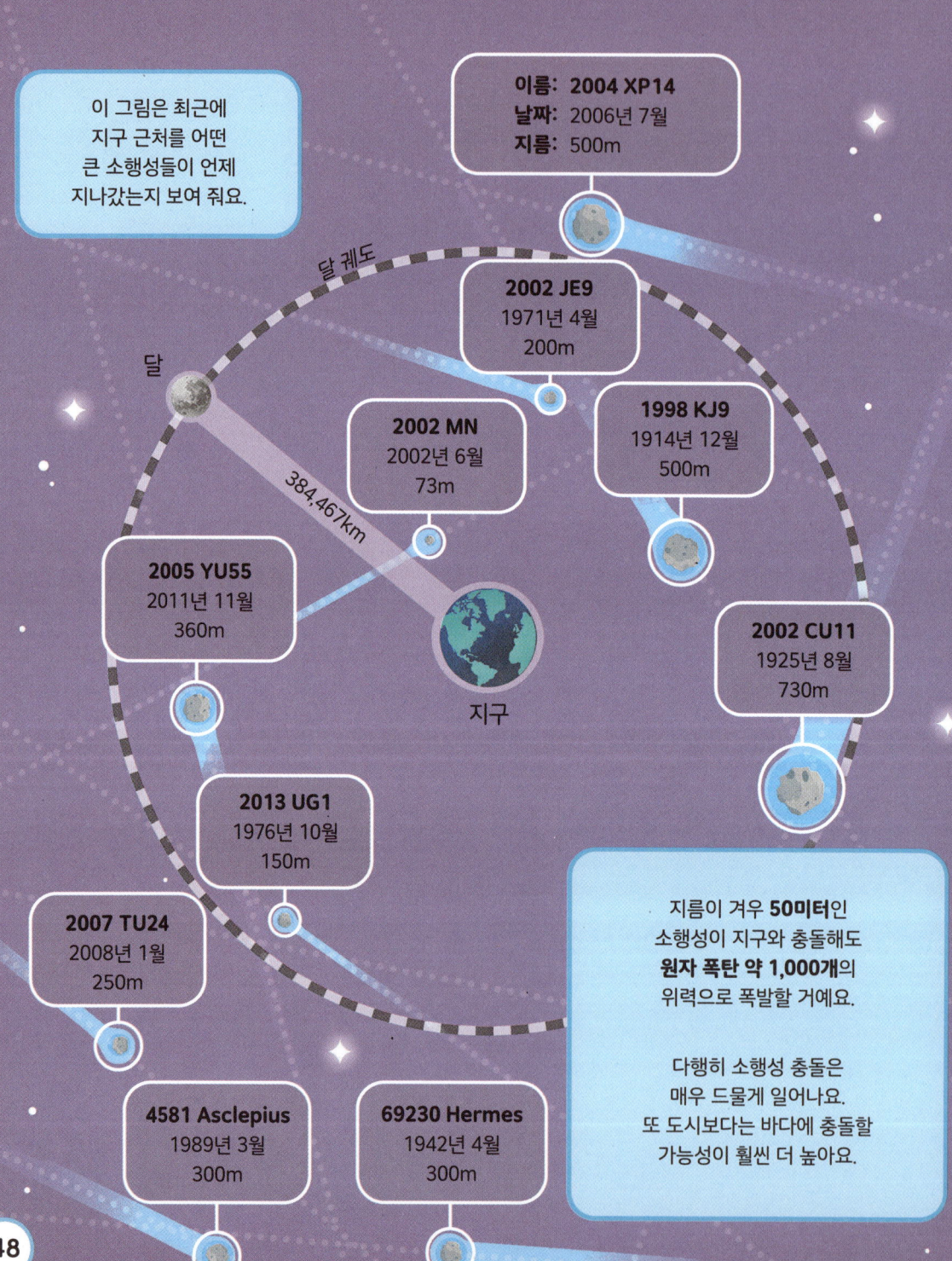

이 그림은 최근에 지구 근처를 어떤 큰 소행성들이 언제 지나갔는지 보여 줘요.

달 궤도

달

384,467km

지구

이름: 2004 XP14
날짜: 2006년 7월
지름: 500m

2002 JE9
1971년 4월
200m

2002 MN
2002년 6월
73m

1998 KJ9
1914년 12월
500m

2005 YU55
2011년 11월
360m

2002 CU11
1925년 8월
730m

2013 UG1
1976년 10월
150m

2007 TU24
2008년 1월
250m

4581 Asclepius
1989년 3월
300m

69230 Hermes
1942년 4월
300m

지름이 겨우 **50미터**인 소행성이 지구와 충돌해도 **원자 폭탄 약 1,000개**의 위력으로 폭발할 거예요.

다행히 소행성 충돌은 매우 드물게 일어나요. 또 도시보다는 바다에 충돌할 가능성이 훨씬 더 높아요.

39 소행성을 조종하려면…

흰색 페인트를 칠하면 돼요.

소행성들 중에는 우주를 떠돌다가 지구와 충돌하여 엄청난 피해를 입힐 수 있는 것들이 있어요. 하지만 이 소행성들을 오직 흰색 페인트만으로 비껴가게 조종할 수 있어요.

작동 원리

태양빛이 물체에 반사될 때 물체를 살짝 미는 것을 **복사압**이라고 해요.

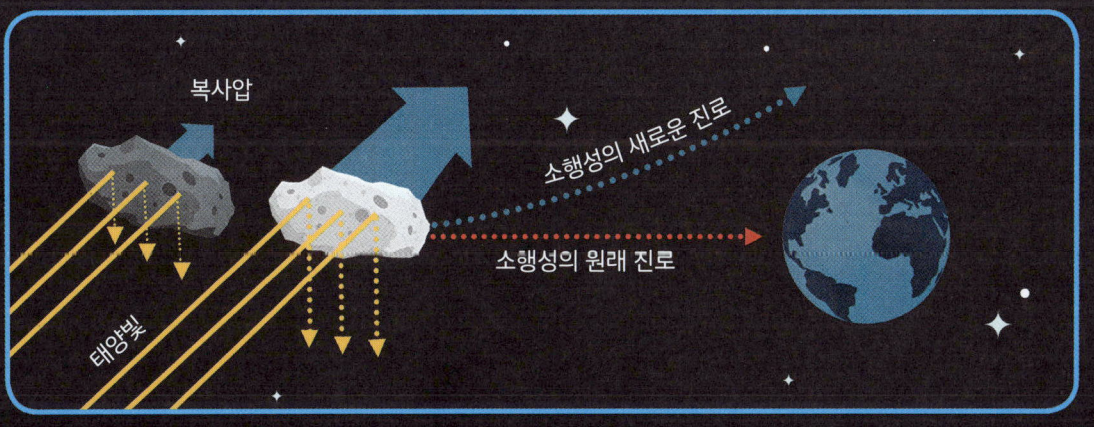

표면이 흰색인 소행성은 어두운 표면의 소행성보다 더 많은 빛을 반사하기 때문에 더 큰 복사압을 받아요.

시간이 지나면 복사압의 작은 변화가 모여서 소행성을 원래의 진로에서 벗어나게 할 수 있지요. 지구와 충돌할 가능성이 있던 소행성을 결국 비껴가게 하는 거예요.

40 달의 먼지는 너무 날카로워서···

우주복을 찢고 들어올 수도 있어요.

달은 온통 먼지로 덮여 있어요. 달의 먼지는 밀가루보다 더 잘지만 고무나 고급 섬유를 찢고 들어올 수 있을 정도로 거칠어요.

아폴로 임무를 위해 우주선 밖에서 일한 우주 비행사들은 달의 먼지로 뒤덮였어요.

그 먼지는 우주복의 연결 부분에 엉겨 붙어 움직이기 어렵게 만들었어요.

달의 먼지는 어떻게 만들어졌을까요?

달에 운석들이 충돌해요. 운석이 충돌하는 곳에서는 바위가 녹고 부서져 날카로운 단면을 가진 작은 유리 조각 같은 알갱이가 되어요.

달에서는 바람이 불지 않기 때문에 알갱이들이 날리면서 서로 부딪혀서 무뎌지지 않아요. 그래서 가장자리가 면도날처럼 날카로운 상태로 유지되지요.

그리고 어떻게 되었을까요?

우주 비행사들이 우주선 안으로 들어올 때 달의 먼지들도 딸려 들어왔어요.

그 먼지는 숨을 쉴 때 코로 들어와 최초의 달 건초열을 일으켰어요.

우주 비행사들은 달의 먼지에서 탄 화약과 같은 맛과 냄새가 난다고 말했어요.

우주 비행사들은 달의 먼지가 몇 겹으로 된 우주 신발을 뚫고 들어온 것을 발견했어요.

달에는 바람이 불지 않기 때문에 발자국이 수천 년 동안 유지될 수 있어요.

달의 발자국에는 1,000년에 겨우 **1밀리미터**씩 먼지가 쌓여요.

41 사람이 화성에 가기 위해서는…

우주 공간에서 로켓을 만들어야 해요.

화성 유인 탐사는 아주 길고 위험하고 어려운 일이에요. 우선 우주선이 문제예요. 화성까지 갈 수 있을 만큼 충분한 연료와 화물을 실으면 우주선은 로켓으로 지구에서 벗어나기에 너무 무거워져요.

1. 해결책은 로켓을 분리하여 우주로 보내서 조립하는 거예요.

2. 우주선을 만드는 사람들은 지구에서 **약 400킬로미터 상공**의 **지구 저궤도**에서 몇 년씩 보내야 할 거예요.

우주에서 조립된 가장 큰 장비는 **국제 우주 정거장**이에요. 완성하기까지 **10년** 동안 **30회** 이상의 작업이 필요했어요.

3. 화성 탐사선이 조립되고 나면 다른 로켓들이 **수천만 킬로미터** 거리를 여행하는 데 필요한 모든 음식과 연료와 보급품들을 실어 날라야 해요.

42 화성행 여행에서 살아남으려면…

우주 비행사들은 동면을 해야 할 거예요.

화성까지 가는 여행은 **8개월**이 걸리기 때문에 우주 비행사들이 지루함과 고립감에 시달릴 수 있어요. 이를 해결하는 한 가지 방법은 우주 비행사들을 깊은 잠에 빠뜨리는 것이죠.

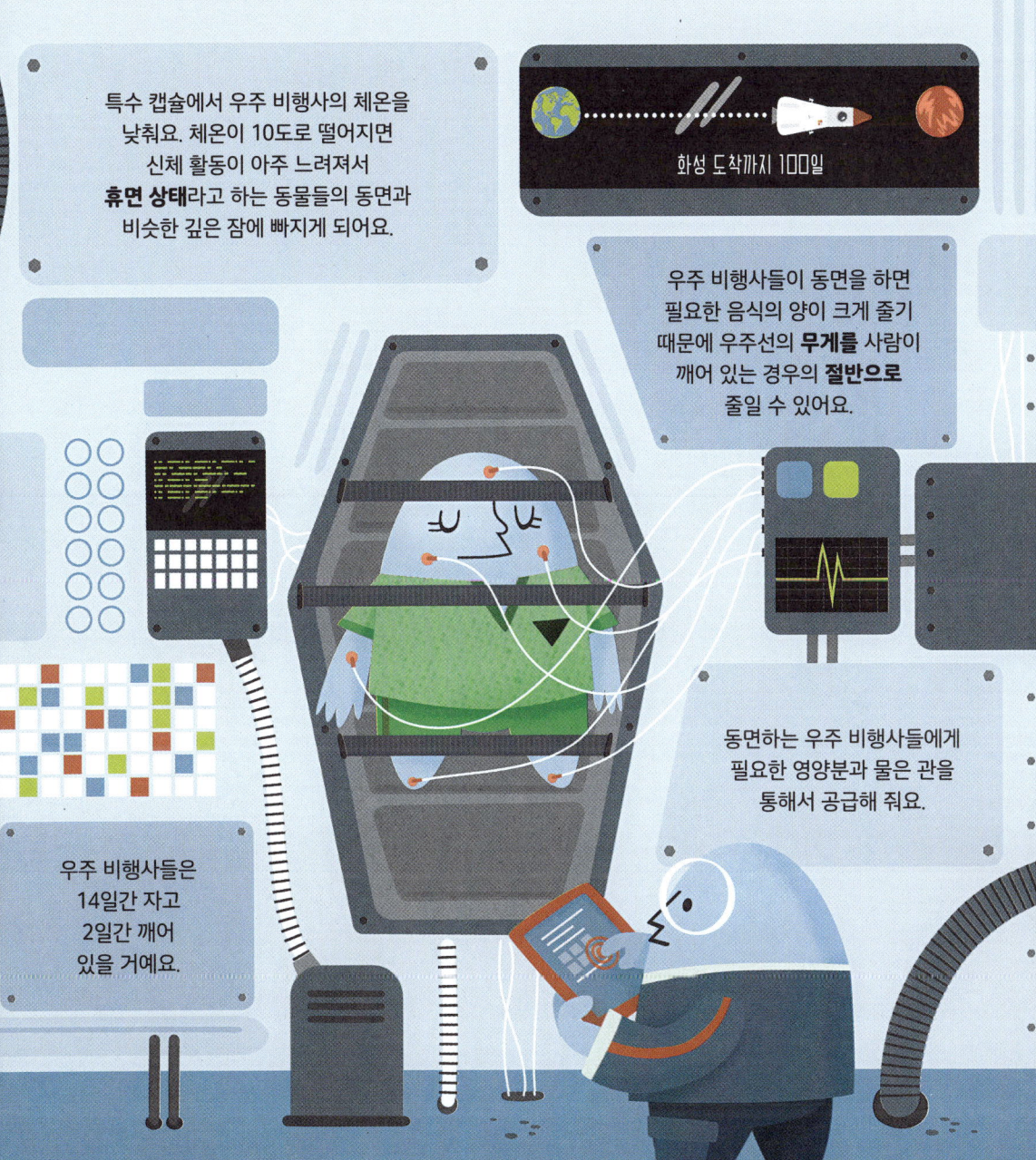

특수 캡슐에서 우주 비행사의 체온을 낮춰요. 체온이 10도로 떨어지면 신체 활동이 아주 느려져서 **휴면 상태**라고 하는 동물들의 동면과 비슷한 깊은 잠에 빠지게 되어요.

화성 도착까지 100일

우주 비행사들이 동면을 하면 필요한 음식의 양이 크게 줄기 때문에 우주선의 **무게를** 사람이 깨어 있는 경우의 **절반으로** 줄일 수 있어요.

동면하는 우주 비행사들에게 필요한 영양분과 물은 관을 통해서 공급해 줘요.

우주 비행사들은 14일간 자고 2일간 깨어 있을 거예요.

우주 비행사들은 누군가 한 명은 언제나 깨어 있도록 교대로 깨는 일정을 짜요. 깨어난 사람은 지구의 본부와 연락하고 다른 사람들의 건강을 확인해야 해요.

43 최초의 화성 거주자에는…

농부가 포함되어 있어야 해요.

사람들이 화성에 거주할 수 있을 정도의 음식을 지구에서 화성으로 운반하는 것은 불가능해요. 화성에 거주하는 사람들은 직접 농사를 지어야 해요.

화성을 탐사하고 있는 탐사선은 화성의 흙이 식물을 자라게 하기에 충분한 영양분과 수분을 가지고 있다는 것을 발견했어요. 화성 거주자들이 재배할 수 있는 농작물은 이런 것들이 있어요.

양상추에는 **항산화** 물질이 들어 있어서, 양상추를 먹으면 태양 복사를 견디는 데 도움이 돼요.

당근은 좁은 공간에서 많이 자랄 수 있어요.

콩은 **질소**를 땅에 고정시켜 다른 식물들이 자라는 데 도움을 줘요.

실험 결과로 보면 호밀은 화성에서도 지구에서만큼 잘 자랄 거래요.

화성에 있는 얼음을 녹여서 식물에 물을 줄 수 있어요.

지구에서 가져온 곤충들은 식물들의 꽃가루받이에 도움을 줄 거예요.

화성 거주자들은 메뚜기와 같은 곤충을 키워 먹어서 단백질을 보충할 수도 있어요.

44 온난화는 좋을 수도 있어요…

우리가 화성에서 살기로 한다면 말이에요.

건조하고 추운 화성에서는 사람이 살 수 없어요. 하지만 수백 년에서 수천 년 동안 화성을 따뜻하게 데워서 사람이 살 수 있게 만들 수도 있어요. 이 과정을 **테라포밍**이라고 해요. 테라포밍을 어떻게 하는지 알아볼까요?

암모니아가 풍부한 **소행성**들이 화성에 충돌하면 많은 열이 발생해요. 암모니아 기체는 대기를 두껍게 만들어 더 많은 열을 잡아 둬요.

거대한 궤도 거울들이 햇빛을 반사하여 극지방에 있는 이산화탄소 얼음을 녹여 기체를 공급하면 대기가 더 따뜻해져요.

물건을 만들어 내는 **공장**들을 지으면 메탄과 이산화탄소를 비롯한 여러 기체들을 배출하여 대기를 더 따뜻하게 만들 수 있어요.

화성에서 살 수 있게 설계된 **미생물**들이 지구의 식물들처럼 이산화탄소를 산소로 바꿀 수 있어요. 숨을 쉴 수 있는 대기가 만들어져요.

45 열 살 난 소녀가…

죽어 가는 별을 발견했어요.

천문학의 많은 발견들은 전문적인 천문학자가 아닌 사람들에 의해 이루어졌어요. 2011년에는 열 살 난 소녀 캐스린 오로라 그레이가 아무도 보지 못했던 초신성을 발견했어요.

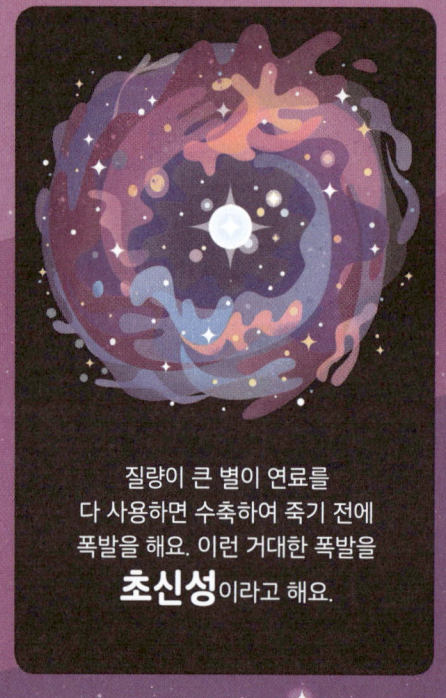

질량이 큰 별이 연료를 다 사용하면 수축하여 죽기 전에 폭발을 해요. 이런 거대한 폭발을 **초신성**이라고 해요.

캐스린은 천문대 망원경의 온라인 사진들을 보다가 한 사진에서 아주 밝은 별을 발견했어요. 이것은 폭발하는 초신성이었고, 지금은 'SN 2010lt'라는 이름으로 불리고 있어요.

46 거대한 행성인 목성은…

점점 작아지고 있어요.

목성은 태양계의 다른 모든 행성들을 다 모은 것보다 두 배 이상 더 커요. 하지만 목성의 구조 때문에 목성은 계속 줄어들고 있어요.

● 목성의 비밀스러운 **핵**은 아마도 **단단한** 바위로 되어 있을 거예요.

● 목성은 대부분이 두터운 **수소 기체**로 이루어져 있고…

● 얇은 **헬륨** 층이 덮개처럼 둘러싸고 있고…

● **바깥 대기**는 **차가운 기체**들로 이루어져 있어요.

목성의 핵은 아주 뜨거워서 목성이 만들어 내는 열은 태양으로부터 받는 열보다 더 많아요.

뜨거운 핵과 차가운 바깥 대기의 온도 차이 때문에 목성이 줄어들어요. 하지만 일 년에 겨우 **2센티미터** 정도 줄지요.

옛날에 목성은 태양계의 다른 행성들을 모두 합친 것보다 4배 이상 더 컸어요.

47 보이지 않는 물질이…

은하들을 서로 붙잡고 있어요.

은하의 별들은 중력이라는 힘으로 서로 묶여 있어요. 그 중력의 일부는 별들 자체에서 와요. 그런데 과학자들은 상당한 크기의 중력이 **암흑 물질**이란 보이지 않는 의문의 물질에서 온다고 믿어요.

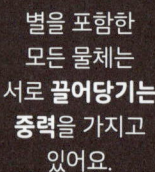

별을 포함한 모든 물체는 서로 **끌어당기는 중력**을 가지고 있어요.

작은 별은 약하게 당기는 중력을 가지고,

큰 별은 강하게 당기는 중력을 가졌어요.

은하의 중심에는 많은 별들이 잔뜩 모여 있어요. 이 별들은 아주 강하게 끌어당기는 중력을 만들어요.

천문학자들은 알아요…

은하 중심에 있는 별들이 은하 바깥 부분에 있는 별들을 중력으로 붙잡아 둔다고 하기에는 그 별들이 너무 빠르게 회전하고 있다는 사실을요. 그러니까 은하 바깥 부분의 별들을 붙잡는 다른 뭔가가 있어야 해요.

천체 물리학자들은 생각해요…
별들의 중력에 더해지는 다른 중력은 암흑 물질이라는 숨은 물질에서 나온다고요.

암흑 물질은 보이지 않아요. 하지만 과학자들은 암흑 물질이 마치…

그물처럼 은하들 사이에 퍼져 있다고 생각하고 있어요.

은하들이 유지되기 위해서는 보통 물질보다 암흑 물질이 네 배는 더 많아야 해요.

● 암흑 물질
● 보통 물질

이 물질을 가리켜 암흑이라고 하는 이유는, 별처럼 빛을 내지도 않고…

행성이나 위성들처럼 빛을 반사하지도 않기 때문이에요.

59

48 우주에서 가장 밝은 것과 가장 어두운 것은…

같은 사람이 발견했어요.

은하들이 전혀 보이지 않는 **암흑 물질**을 가지고 있다는 것을 처음 알아낸 사람은 스위스의 천문학자 프리츠 츠비키예요. 츠비키는 별이 폭발하여 밝아지는 **초신성**도 연구했어요. 하지만 츠비키가 발견한 많은 것들이 당시에는 인정받지 못했어요.

1898년
츠비키는 불가리아에서 태어나 여섯 살 때 스위스로 옮겨 갔어요.

1933년
츠비키는 미국에 자리를 잡고 은하들을 연구했어요. 그리고 은하들에 **암흑 물질**이라는 보이지 않는 물질이 틀림없이 있다는 사실을 깨달았어요.

1934년
직접 발견하지는 못했지만 츠비키는 연구를 통해서 우주에는 **중성자별**이라는 엄청나게 무거운 별이 있다고 믿게 되었어요.

동료들에게 츠비키는 성격이 나쁘고 비판적이며 함께 일하기 힘든 사람이었어요. 그래서 츠비키의 발견들이 무시당했다고 생각하는 사람들도 있어요.

츠비키는 자신이 관측해서 이름붙인 폭발하는 별 **초신성**이 중성자별과 연관이 있다고 생각했어요.

1940년대 후반
제2차 세계 대전이 끝난 후 츠비키는 수천 권의 과학책을 모아서 전쟁으로 파괴된 전 세계의 도서관에 보냈어요.

1974년
츠비키가 세상을 떠난 1974년까지 다른 과학자들이 츠비키의 많은 이론들을 사실로 확인했어요. 1972년에 츠비키는 영국 왕립 천문 학회의 금메달을 받았어요.

49 우주로 간 최초의 샌드위치는…

호밀 빵 콘비프 샌드위치였어요.

우주 비행사 존 영은 1965년 제미니 3호의 임무를 시작한 지 2시간이 지났을 때, 우주복 호주머니에서 콘비프 샌드위치를 꺼냈어요. 존 영이 동료 비행사 거스 그리섬과 나누어 먹으려고 몰래 가져온 것이었지요.

초기의 우주 식량은 대부분 **무게, 부스러기, 냄새, 쓰레기**를 최소로 줄이도록 준비되었어요. 맛은 중요하지 않았지요.

전형적인 우주 식량은 기름 입힌 시리얼 조각, 냉동 건조시킨 가루, 튜브에서 짜 먹는 고기 반죽이었어요.

우주 비행사들은 샌드위치를 몇 입 베어 먹었어요. 샌드위치는 우주 식량보다 훨씬 더 맛있었지요.

하지만 샌드위치가 부서지기 시작했고, 우주 비행사들은 부스러기들이 민감한 전자 장비 속으로 들어갈까 봐 겁이 났어요.

나사의 관리자들도 좋아하지 않았어요. 그리섬과 영은 공식적인 질책을 받은 최초의 우주 비행사들이 되었어요.

50 우주 화장실의 비용은…

약 200억 원이었어요.

2010년까지 집계된 국제 우주 정거장의 비용은 약 150조 원으로 역사상 가장 비싼 것이에요. 국제 우주 정거장의 장비들은 우주에서 사용될 수 있도록 특별히 만들어졌기 때문에 가격이 엄청나요.

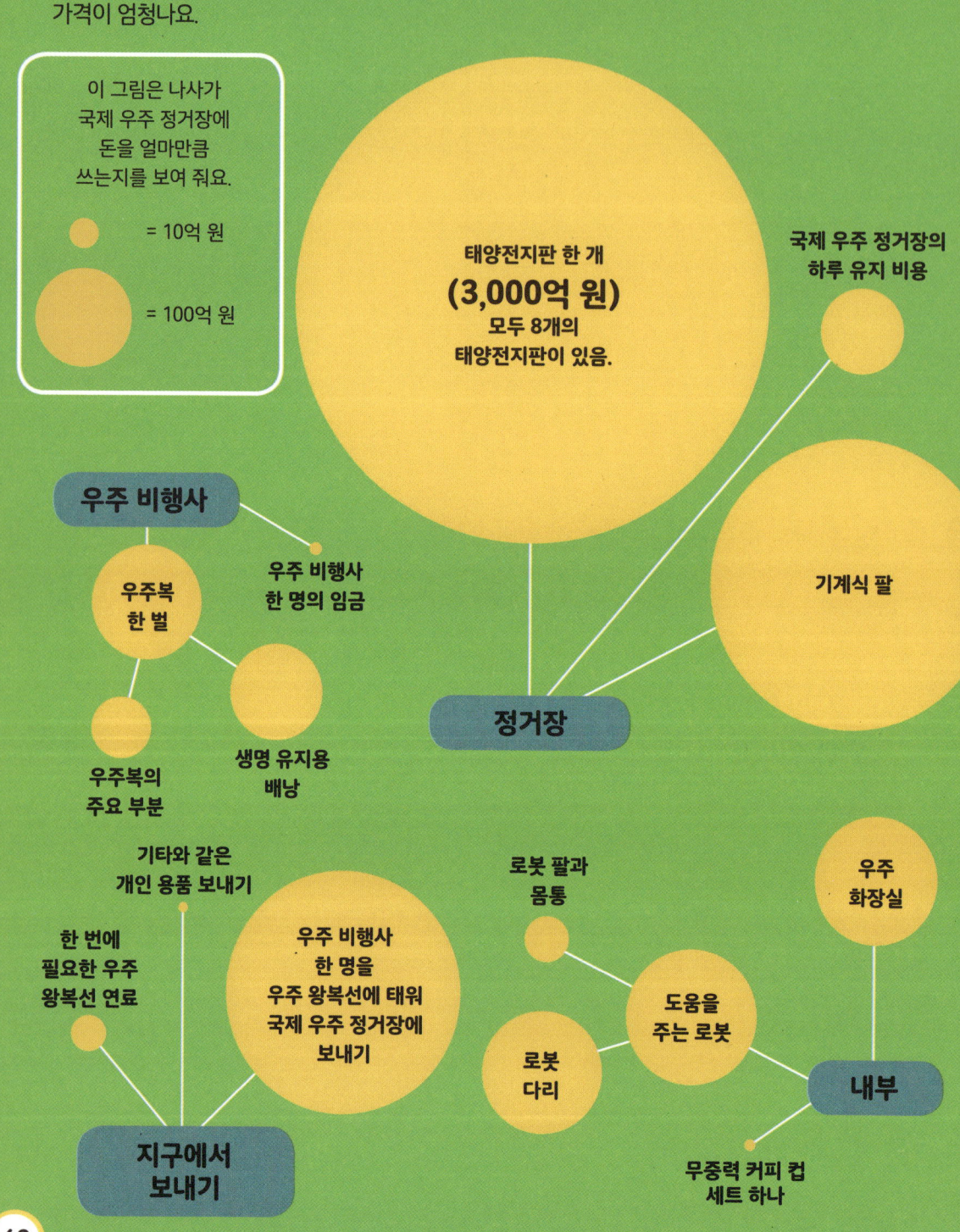

51 완보동물은…

우주 공간에서 최고로 강인한 생존자예요.

이끼 새끼 돼지 또는 물곰으로도 불리는 이 무척추동물은 길이가 겨우 **0.5밀리미터**이고, 축축하고 이끼가 낀 곳에서 살아요. 그런데 2007년에 이루어진 실험에서 물곰들은 우주 공간에서 10일 넘게 살아남았어요.

물곰과 같은 완보동물들이 견딜 수 있는 것은…

높은 압력!
완보동물은 우주 공간의 **진공**과 가장 깊은 바닷속보다 6배 더 높은 **압력**을 모두 견딜 수 있어요.

강한 방사선!
완보동물은 사람을 죽일 수 있는 양보다 수백 배 더 강한 **방사선**을 견딜 수 있어요.

극한의 온도!
151도의 높은 온도와 **절대 영도**보다 불과 1도 더 높은 **영하 272도**의 낮은 온도에서 견딜 수 있어요. 영하 272도는 가능한 가장 낮은 온도로 원자들의 움직임도 멈출 정도예요.

수년간의 가뭄!
완보동물은 몸속 **수분의 98퍼센트**를 잃고도 건조 휴면 상태로 **10년**을 보낼 수 있어요.

그런 다음 다시 깨어나서 작디작은 생명을 이어나가죠.

물곰에게 이런 환경쯤은 **아무것도 아니에요.**

52 우주에서의 레이저 전쟁은...

어둡고 조용할 거예요.

영화나 만화에서는 우주 전쟁 장면을 좀 더 재미있어 보이고 쉽게 이해할 수 있게 하려고 과학적인 사실에서 살짝 벗어나게 그리곤 해요. 하지만 이런 장면은 실제로는 절대 일어날 수 없어요.

소리는 전달하는 물질이 필요한데 우주는 텅 비어 있으니까 소리가 나지 않아요.

폭발이 일어나도 불이 나지 않아요. 우주에는 태울 산소가 없으니까요.

레이저는 빛의 속도로 움직여요. 이렇게 빠른 것을 피하는 것은 불가능하죠.

옆에서 볼 때, 레이저는 먼지나 기체 구름에 반사되지 않는 한 눈에 보이지 않아요.

우주에는 공기가 없기 때문에 우주선이 빠르게 방향을 바꾸기 위해서 비행기처럼 공기 역학을 고려할 필요가 없어요.

53 별자리의 모양은…

착시에 불과해요.

천문학자들은 밤하늘의 밝은 별들을 묶어서 **별자리**라고 하는 모양을 만들었어요. 별자리를 그리는 별들은 지구에서 보기에는 가까이 있는 것처럼 보이지만 실제로는 아주아주 멀리 떨어져 있어요.

기호:
- ○ 지구에서 보았을 때 **오리온**자리를 만드는 별들
- ● 오리온자리에 있는 별들의 어림잡은 위치

광년: 빛이 1년 동안 움직이는 거리

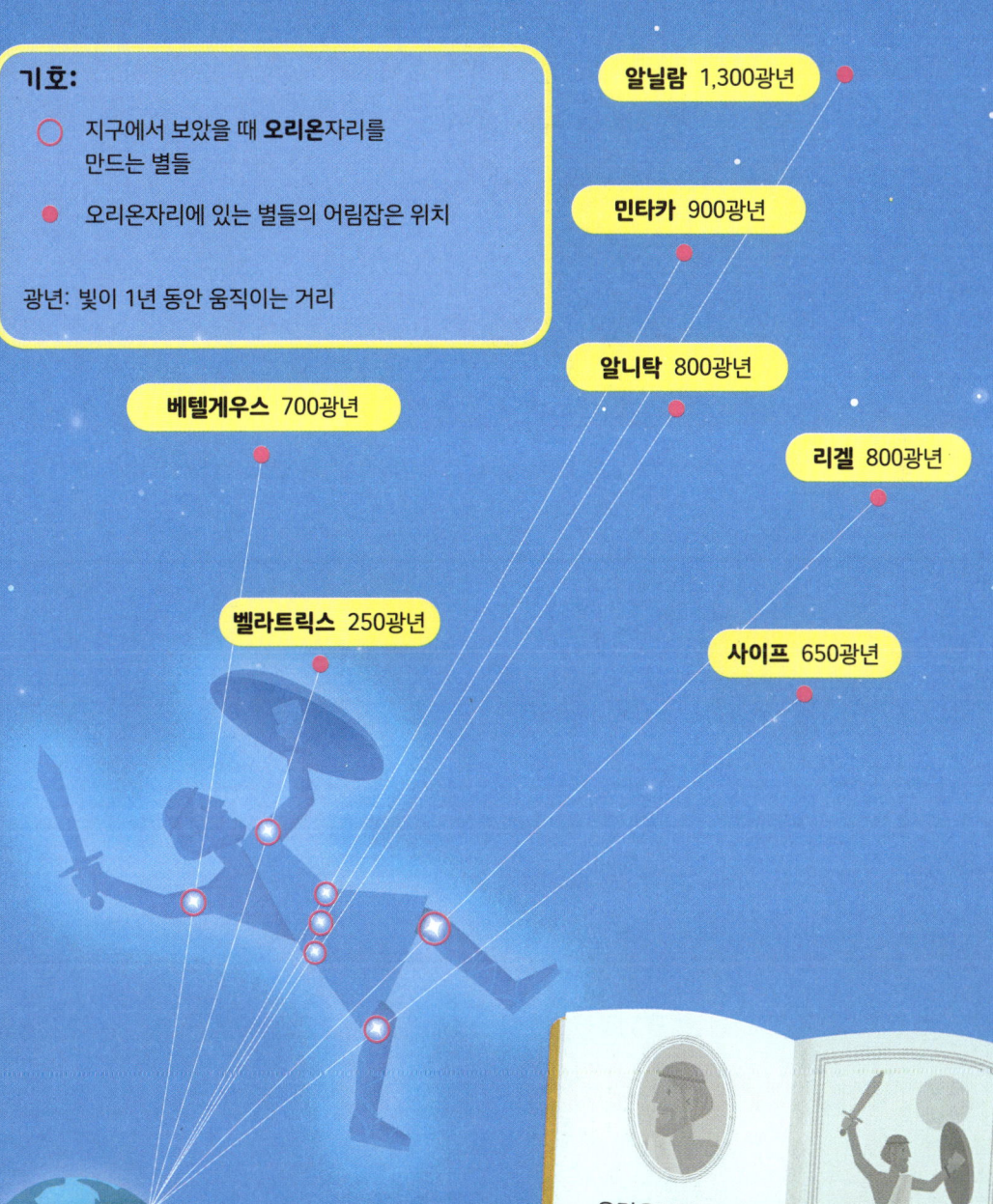

알닐람 1,300광년

민타카 900광년

알니탁 800광년

베텔게우스 700광년

리겔 800광년

벨라트릭스 250광년

사이프 650광년

오리온이란 이름은 그리스 신화 속 뛰어난 사냥꾼의 이름을 딴 거예요.

54 닐 암스트롱의 신발은…

아직도 달에 있어요.

지구로 돌아오기 전에 아폴로 11호의 우주 비행사들은 필요 없는 모든 것들을 달에 버렸어요. 짐을 줄이려고요. 모두 합쳐서 **180,000킬로그램**이 넘는 쓰레기를 달에 버리고 왔지요.

달에 이런 것들이 있어요.

- 면도기와 면도 거품 튜브
- 로봇 로버 몇 대
- 장갑 **1**켤레
- 비행복 바지 **2**벌
- 사용한 물수건
- 매의 깃털 **1**개
- "추락한 우주 비행사" 모형 **1**개
- 샘플 채취용 숟갈 몇 개
- 2달러짜리 지폐 **100**장
- 전선 몇 개
- 가족사진 **1**장
- 우주 신발 **12**켤레
- 해먹, 담요, 수건들
- 망치, 갈퀴, 삽, 집게들

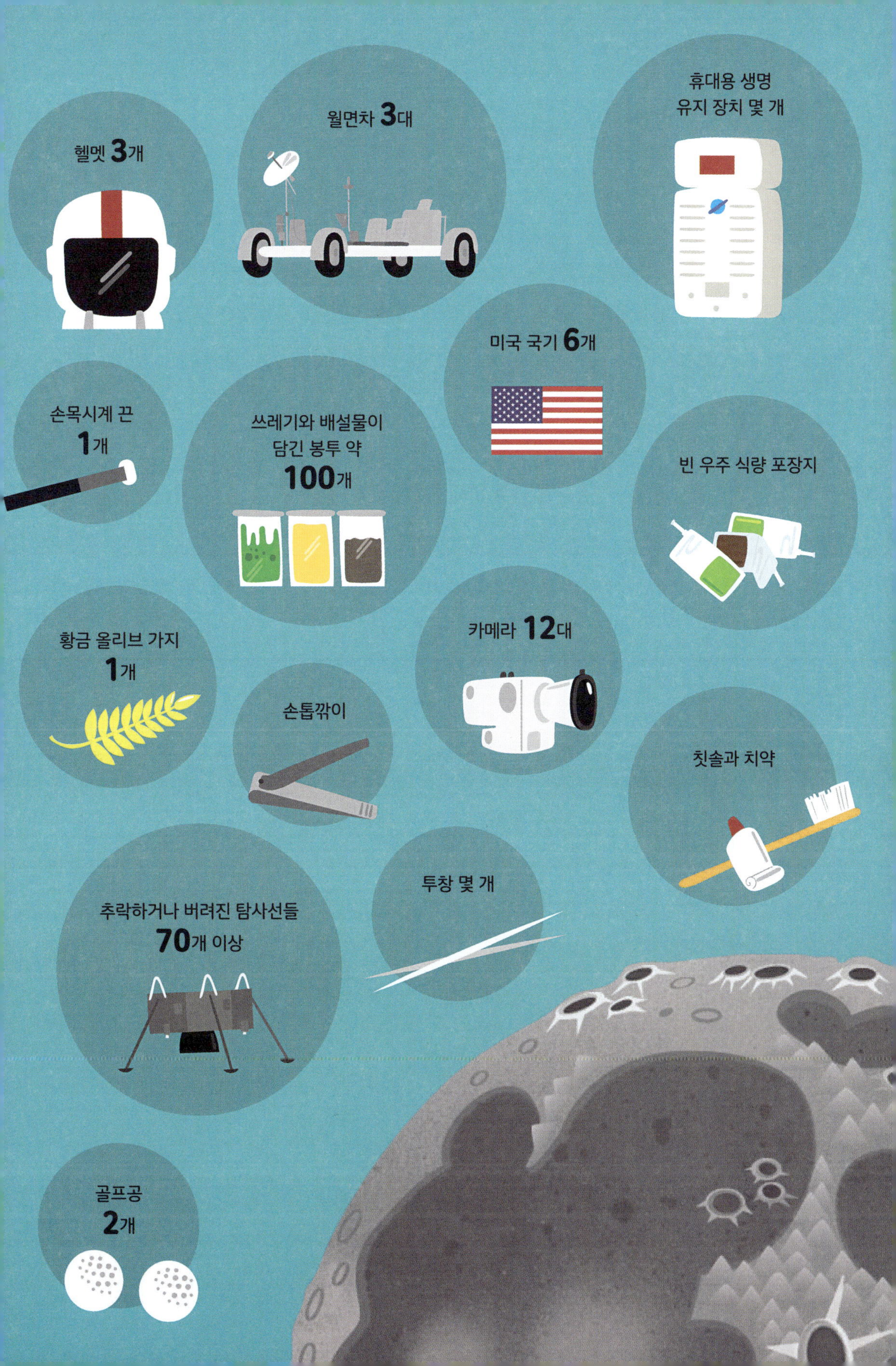

헬멧 3개

월면차 3대

휴대용 생명 유지 장치 몇 개

손목시계 끈 1개

쓰레기와 배설물이 담긴 봉투 약 100개

미국 국기 6개

빈 우주 식량 포장지

황금 올리브 가지 1개

손톱깎이

카메라 12대

칫솔과 치약

추락하거나 버려진 탐사선들 70개 이상

투창 몇 개

골프공 2개

55 해왕성은 천문학자들이 아니라…

수학자들이 발견했어요.

해왕성은 한 천문학자가 망원경으로 처음 관측하여 1846년에 행성으로 확인되었어요. 하지만 그 천문학자가 어디를 보아야 할지 알려 준 사람은 수학자였어요.

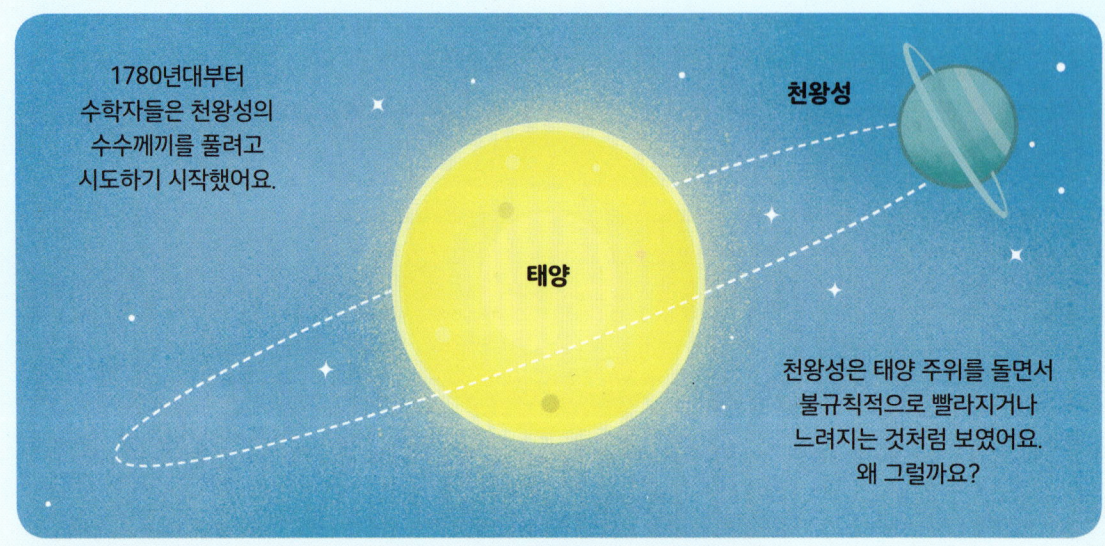

1780년대부터 수학자들은 천왕성의 수수께끼를 풀려고 시도하기 시작했어요.

천왕성

태양

천왕성은 태양 주위를 돌면서 불규칙적으로 빨라지거나 느려지는 것처럼 보였어요. 왜 그럴까요?

1821년에 천문학자 **알렉시스 부바르**가 그럴듯한 이유를 제안했어요.

아직 발견되지 않은 큰 행성이 가까워질 때 천왕성을 끌어당기기 때문입니다.

1840년대에 두 라이벌 수학자인 **우르벵 르 베리에**와 **존 코치 애덤스**가 그 미지의 행성이 있어야 할 위치를 계산했어요.

따라 하지 마!

1846년에 천문학자 **요한 갈레**가 르 베리에의 예측에 따라 관측하여 그보다 불과 몇 도 떨어진 곳에서 해왕성을 발견했어요.

56 인치, 온스, 파운드 같은 단위는…

우주선을 추락시킬 수 있어요.

1999년 나사의 무인 탐사선인 '화성 기후 궤도선'이 9개월간 여행한 끝에 화성에 도착했어요.

ERROR

화성

하지만 이 탐사선은 원래 계획대로 화성의 궤도를 도는 대신 화성의 대기로 뛰어들어 산산이 부서져 버렸어요.

어떻게 된 일이지?

탐사선을 만든 사람들 중 대부분이 거리는 미터로, 질량은 킬로그램으로 측정하는 **미터법**을 사용했어요.

그런데 한 팀이 실수로 **미국식 단위**를 사용한 거예요. 거리를 피트와 인치로, 질량을 파운드로 썼지요.

단위법이 섞이는 바람에 화성과 1,300억 원짜리 탐사선 사이의 거리 측정이 형편없이 틀려 버린 거예요.

69

57 우리는 안드로메다은하와…

충돌하는 길에 있어요.

우리 은하와 안드로메다은하는 약 250만 광년 떨어져 있어요. 하지만 두 은하는 약 초속 110킬로미터의 속도로 서로 가까워지고 있어요.

1

우리 은하와 안드로메다은하는 약 40억 년 후에 서로 만나게 돼요.

우리 은하

안드로메다

2

각 은하에 있는 별들은 서로 너무나 멀리 떨어져 있어서 별들끼리 충돌하거나 폭발하는 일은 없을 거예요.

3

두 은하는 마치 빗속을 안개가 지나가듯 서로를 뚫고 지나갈 거예요.

4

하지만 두 은하의 운명은 서로 묶여 있어요. 서로의 중력이 서로를 점점 더 가까이 끌어당겨 결국 합쳐져서 하나의 **거대 은하**가 될 거예요.

우리안드로메다은하

58 우주 비행사는 똑같은 물을…

계속 반복해서 마셔요.

물을 우주 궤도로 보내는 것은 너무나 비용이 많이 들어요. 가능한 한 많은 물을 보존하기 위해서 국제 우주 정거장의 우주 비행사들은 물의 **93퍼센트**를 다시 쓸 수 있게 하는 재활용 시스템을 사용하고 있어요.

59 우주에는 많은 위험들이 있지만…

어떤 위험이 가장 먼저 다가올지는 아무도 몰라요.

사람이 보호 장비 없이 우주 공간에 있으면 최소한 세 가지의 치명적인 상황에 놓이게 돼요. 세 가지 위험은 모두 사람을 60초 안에 죽게 해요.

산소 부족

우주에는 대기가 없기 때문에 허파에서 공기가 거의 순식간에 빠져나가서 숨을 쉴 수가 없게 돼요.

뇌에 산소가 지속적으로 공급되지 않으면 사람은 정신을 잃고 곧 죽게 되죠. 이 현상을 **저산소증**이라고 해요.

대기압 부족

사람의 몸은 지구 대기의 **공기 압력(기압)**에 맞도록 만들어졌어요.

몸을 감싸는 압력이 충분하지 않으면 몸속의 피와 뼈에서 빠르게 기체 방울이 생겨 몸 전체가 부풀어 올라요.

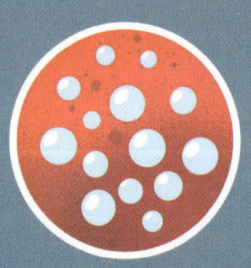

90초도 되지 않아서 기체 방울 때문에 피가 몸속을 흐르지 못하게 되죠. 이 현상을 **체액 비등**이라고 해요.

안전한 지구

지구는 산소를 포함한 두터운 **대기**로 덮여 있어요. 그리고 **자기장**이 둘러싸고 있죠.

대기와 자기장이 생명체를 살 수 있게 해 줘요.

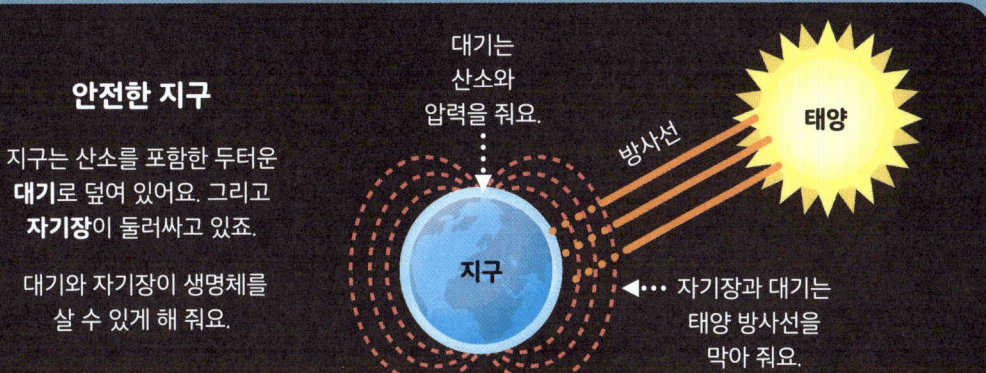

대기는 산소와 압력을 줘요.

방사선 / 태양 / 지구

자기장과 대기는 태양 방사선을 막아 줘요.

3 방사선 노출

태양은 몸의 세포를 손상시키는 **우주선(cosmic rays)**과 피부를 빠르게 태우는 **자외선**을 방출해요.

우주복은 사람이 지구에 있는 것과 같은 환경을 만들어 줘요.

세 가지 치명적인 위험들 중에 어떤 것이 죽음의 직접적인 원인이 될지는 아무도 몰라요. 어쨌든 우주복을 벗는 것은 아주 치명적이에요.

60 한 학생은 자신의 발견을…
지도 교수에게 도둑맞았어요.

1920년대까지 대부분의 천문학자들은 태양이 지구와 거의 비슷한 재료로 만들어졌다고 믿었어요. 박사 과정 학생이었던 세실리아 페인이 그 믿음이 틀렸다는 것을 증명했어요.

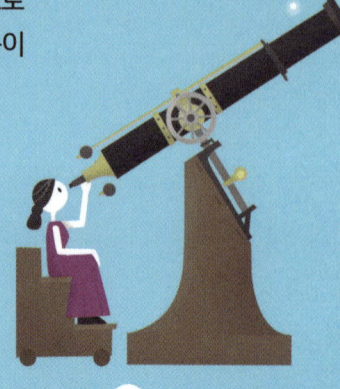

1900년
세실리아 페인은 영국 웬도버에서 태어났어요.

1919년
페인은 케임브리지 대학에서 과학을 공부했어요. 하지만 대학은 여자에게는 졸업장을 주지 않았어요.

1923년
페인은 미국으로 가 하버드 천문대에서 천문학 박사 과정을 시작했어요.

태양을 이루는 물질들
- 수소 70%
- 헬륨 28%
- 다른 원소들 2%

1925년
페인은 태양에서 오는 빛을 연구했어요. 그녀는 태양이 지구처럼 바위나 금속으로 이루어진 것이 아니라 대부분은 수소로 이루어져 있다는 사실을 발견했어요.
하지만 유명한 천문학자인 헨리 러셀은 이렇게 논란이 있는 발견은 박사 학위 논문에 포함시키지 말라고 충고했어요.

1929년
러셀이 직접 태양에 대한 분석을 마쳤어요. 그는 페인이 맞았다는 사실을 증명했지만, 그것을 자신의 공으로 돌렸어요.

1930-1960년대
페인은 결혼 후에는 페인-가포슈킨이라는 이름으로 천문학에 일생을 바쳐 200만 개가 넘는 별들의 빛을 분석했어요.

1979년
세실리아 페인-가포슈킨은 전 세계의 여성이 천문학과 같은 과학을 공부할 수 있는 길을 닦고 세상을 떠났어요.

61 빅뱅이 일으킨 잡음을…

처음에는 비둘기 똥인 줄 알았어요.

1963년 미국인 천문학자 두 명은 자신들의 전파 망원경에서 지속적이고 낮은 잡음이 발생하는 것을 발견했어요. 처음에는 그 잡음이 망원경 안에서 사는 비둘기들이 남긴 배설물 때문에 일어난다고 생각했어요.

하지만 새들을 쫓아내고 망원경을 깨끗이 청소했는데도 여전히 잡음이 남아 있었어요.

보통 잡음이 아니라 깊은 우주에서 오는 신호였기 때문이에요. 이 신호는 망원경을 어떤 방향으로 향해도 발견되었어요.

사실 이 천문학자들은 우주의 **시간과 공간**을 만들어 낸 **빅뱅**의 먼 메아리를 찾아낸 것이었어요.

우주 배경 복사라고 하는 이 메아리는 약한 전파와 초단파의 형태로 우주 전체에 퍼져 있어요.

62 천문학자들이 태양을 듣는 까닭은…

태양의 내부를 알고 싶기 때문이에요.

태양은 끊임없이 소용돌이치고 출렁이는 기체와 플라스마로 이루어져 있어요. 그 안에서 무슨 일이 일어나고 있는지 이해하기 위해서 천문학자들은 컴퓨터를 써서 태양의 소용돌이와 출렁이는 모습을 소리의 파동인 '음파'로 바꾸어요

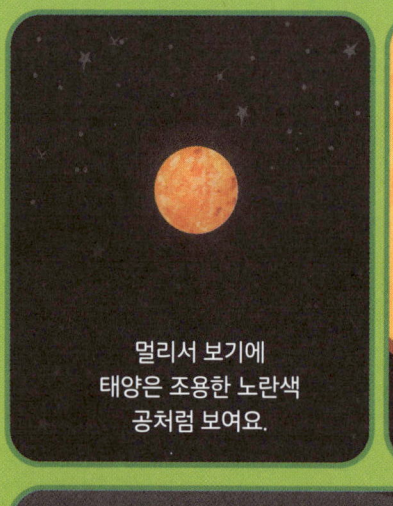

멀리서 보기에 태양은 조용한 노란색 공처럼 보여요.

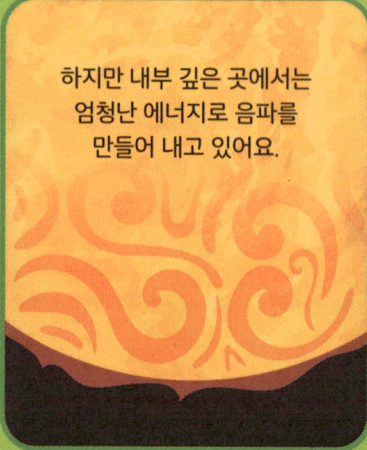

하지만 내부 깊은 곳에서는 엄청난 에너지로 음파를 만들어 내고 있어요.

안쪽에서 시작된 음파는 태양 전체를 종처럼 울리게 만들어요.

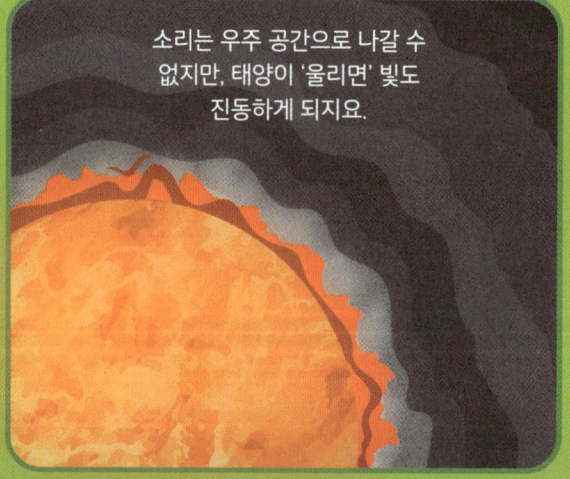

소리는 우주 공간으로 나갈 수 없지만, 태양이 '울리면' 빛도 진동하게 되지요.

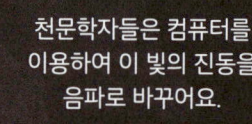

천문학자들은 컴퓨터를 이용하여 이 빛의 진동을 음파로 바꾸어요.

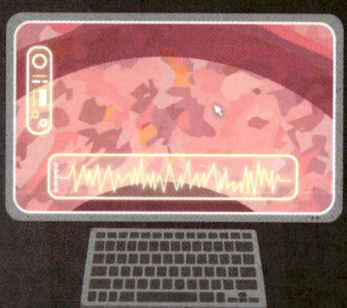

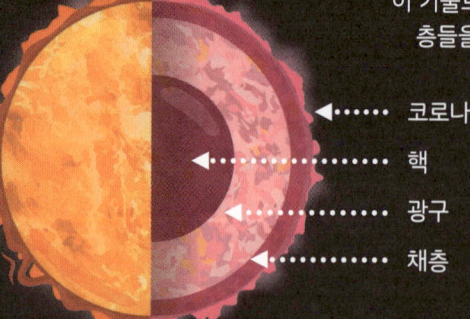

이 음파는 천문학자들이 태양의 내부가 어떻게 되어 있는지 알아낼 수 있게 해요. 음파를 이용해 태양 내부를 연구하는 기술을 **태양 지진학**이라고 해요.

이 기술로 태양의 숨겨진 층들을 찾아냈어요.

- 코로나
- 핵
- 광구
- 채층

63 블랙홀에 너무 가까이 다가가면…

스파게티처럼 늘어나요.

블랙홀은 거대한 별이 폭발하고 남은 잔해예요. 블랙홀의 중력은 너무나 강력해서 물체가 길고 가늘게 늘어지도록 만들 수 있어요.

블랙홀의 경계는 **사건의 지평선**이라고 불리는 가상의 선이에요. 우주선은 사건의 지평선 주위를 안전하게 돌 수 있어요…

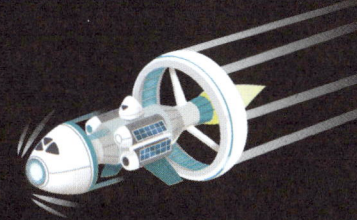

그러기 위해서는 거의 빛의 속도에 가까운 속도로 빠르게 날아야 해요. (현재의 기술로는 불가능한 일이지요.)

사건의 지평선

우주선이 사건의 지평선 안으로 떨어지면 그곳의 중력이 너무나 강해서 빠져나올 수가 없어요. 우주선의 앞쪽이 뒤쪽보다 더 빠르게 끌려가기 때문에 우주선은 스파게티처럼 길게 늘어날 거예요.

64 달에는 사람이 있고…

토끼도 있고, 개구리도 있어요.

역사적으로 전 세계에서 사람들은 달의 표면에서 여러 가지 모양을 찾아냈어요. 이것을 **달 연상**이라고 해요.

달의 어두운 부분은 사실 화산암(화산 활동으로 생긴 바위)이거나 운석이 충돌해서 생긴 크레이터의 그림자예요. 여러 문화권의 사람들은 달에서 다양한 무늬를 발견했어요.

중국과 일본, 한국에서는 토끼가 방아를 찧고 있는 모습으로 묘사했어요.

아프리카와 북아메리카의 일부 지역에서는 뛰어오르는 개구리로 묘사했어요.

서유럽에는 나뭇짐을 등에 지고 가는 사람에 대한 옛날이야기가 여럿 있어요.

아랍 어를 쓰는 나라의 사람들은 글자를 보았어요. 이슬람교 지도자 알리의 이름자였지요.

65 외계인에게 보내는 신호가…

우주로 보내졌어요.

천문학자들은 외계인과 교신하려는 시도로써 우주를 향해 신호를 보냈어요. 이것을 읽기 위해서는 외계인들이 인간의 암호를 이해해야 해요.

이 신호는 '아레시보 메시지'라고 불려요. 1974년에 아레시보 전파망원경을 통해 우주로 보내졌거든요. 신호는 0들과 1들로 만들어졌고 시각적으로도 표현될 수 있어요.

0 1 0 1 1 0 0

아레시보 메시지는 해독하면 그림으로 나타나도록 만들어졌어요. 여기에는 인간에 대한 정보도 포함되어 있어요. 예를 들면 다음과 같은 정보들이 들어 있죠.

인간의 DNA 형태

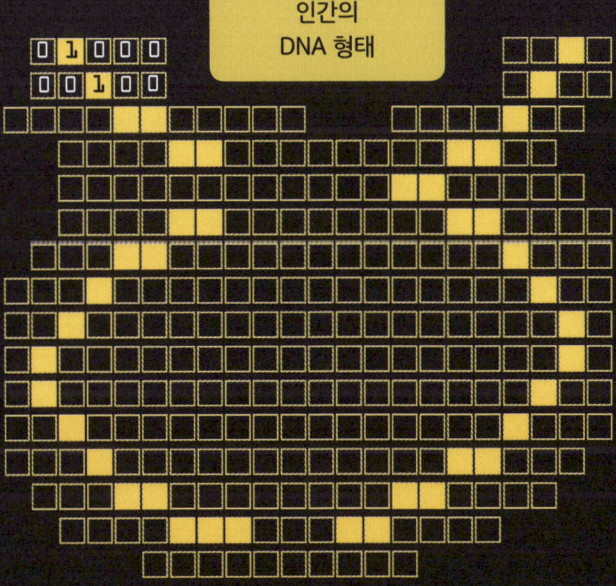

인간의 생김새

66 토성은 혜성들을 모아서…

고리로 만들었어요.

토성의 고리는 수조 개의 얼음덩어리들로 이루어져 있어요. 이 얼음덩어리들은 토성의 중력에 끌려와서 서로 격렬하게 충돌하여 부서진 얼음 **혜성, 위성, 소행성**들의 잔해예요.

어떤 얼음덩어리는 모래알만큼 작고 어떤 것은 집채만 하게 커요. 하지만 대부분은 손바닥에 올려놓을 수 있을 크기예요.

토성의 고리는 지름이 **250,000킬로미터**나 되지만 두께는 대부분 **10미터**밖에 되지 않아요.

지구
12,700km

토성의 고리
(옆에서 본 모습)
250,000km

토성
(옆에서 본 모습)

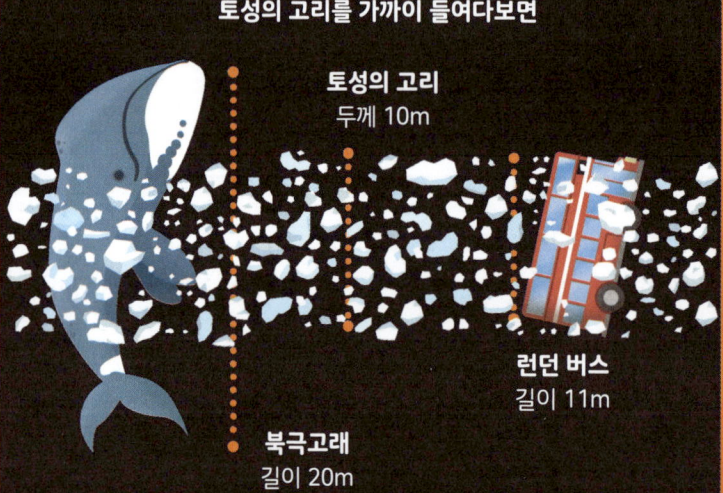

토성의 고리를 가까이 들여다보면

토성의 고리
두께 10m

런던 버스
길이 11m

북극고래
길이 20m

80

고리에서 떠다니는 얼음 조각들은 뭉쳐서 **작은 위성**을 이루기도 해요. 시간이 지나면서 아래의 4개의 위성과 같은 얼음 위성이 되기도 하고, 더 큰 궤도를 돌도록 자리를 옮기기도 해요.

지금까지 과학자들은 토성 주위를 도는 토성의 위성을 **146개** 발견했어요. 하지만 그 수는 더 늘어날 수 있어요.

토성의 고리
(위에서 본 모습)

토성
(위에서 본 모습)

테티스

엔켈라두스

미마스

판

판처럼 작은 몇몇 위성들은 고리 속에서 돌면서 지나가는 경로에 있는 얼음 조각들을 쓸어 모아 길을 만들기도 해요.

81

67 태양은 노란색이 아니라…

사실은 밝은 흰색이에요.

태양에서 나온 빛은 파동으로 이동해요. 이 빛은 지구의 대기에서 **레일리 산란**이라는 과정을 통해 흩어져요. 이 현상 때문에 태양이 하늘에서 따뜻한 노란색으로 보이는 거예요.

절대 태양을 직접 보지 마세요. 눈을 다칠 수 있어요.

지구 대기 · 태양 · 지구

68 오퍼튜니티는 화성에…

통통 튀면서 착륙했어요.

로버라고 불리는 탐사 로봇들이 화성에 여러 번 보내졌어요. 그중에서 로버 '오퍼튜니티'는 화성 표면에 통통 튀면서 착륙했어요.

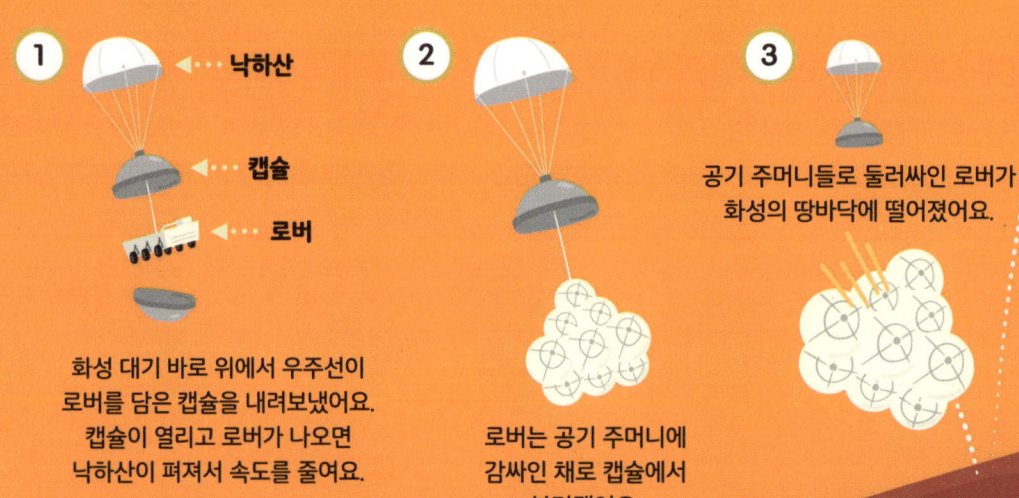

1. 화성 대기 바로 위에서 우주선이 로버를 담은 캡슐을 내려보냈어요. 캡슐이 열리고 로버가 나오면 낙하산이 펴져서 속도를 줄여요. (낙하산, 캡슐, 로버)

2. 로버는 공기 주머니에 감싸인 채로 캡슐에서 분리됐어요.

3. 공기 주머니들로 둘러싸인 로버가 화성의 땅바닥에 떨어졌어요.

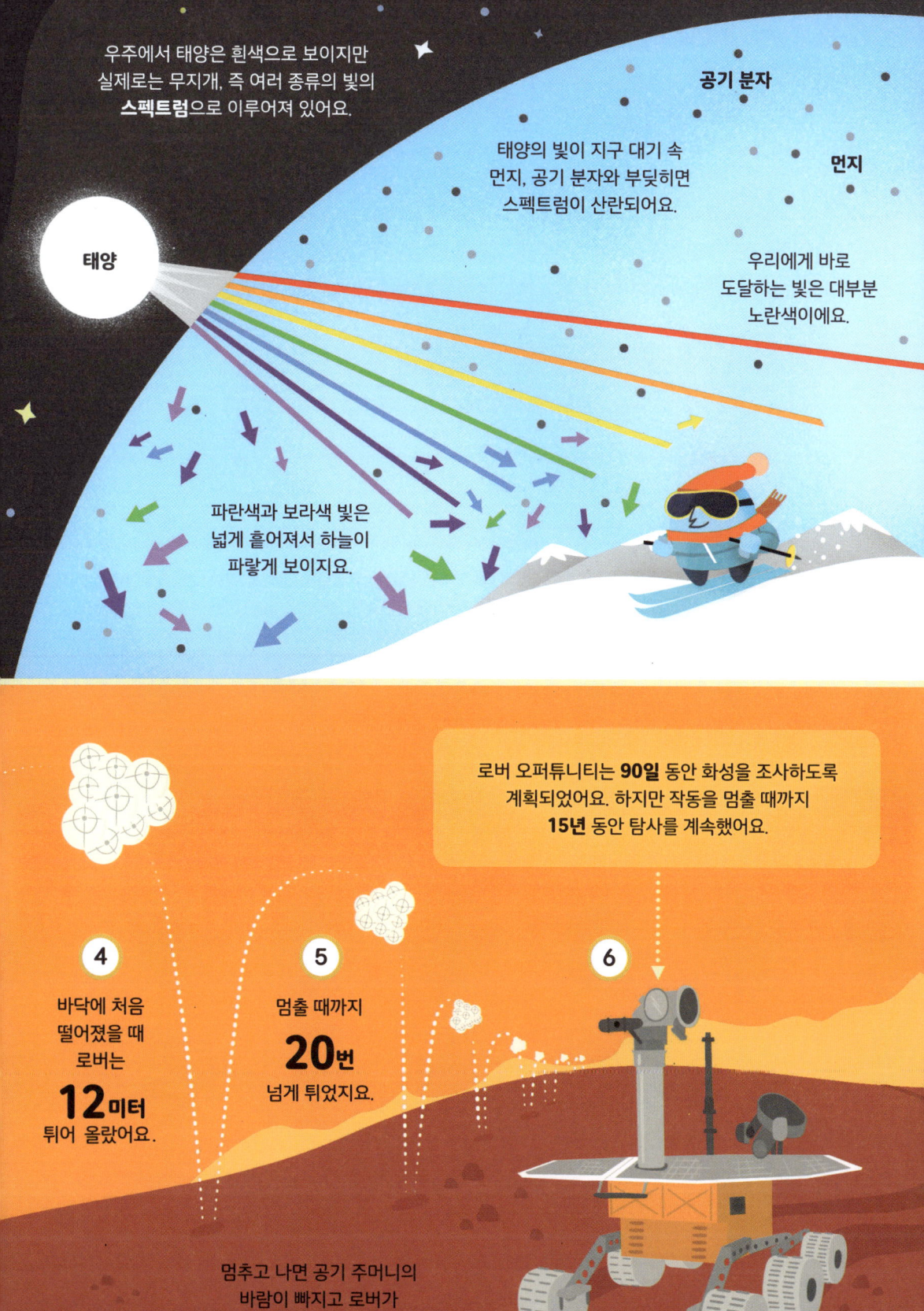

69 우주가 어디에서 시작되는지는…

아무도 확신할 수 없어요.

우주선이 지구에서 이륙해 우주 공간으로 날아갈수록, 주변의 공기는 점점 희박해져요. 하지만 대기와 우주 사이에는 명확한 경계가 없기 때문에 우주 비행사는 우주에 언제 도착하는지 정확히 알지는 못해요.

연구를 거듭하면서, 여러 군사 및 과학 단체가 우주의 시작점을 가늠할 몇 가지 기준을 제안했어요.

바다에서 80km 위

어떤 사람들은 이곳에서 우주가 시작된다고 말해요. 대부분의 비행기 날개를 지탱할 수 없을 정도로 공기가 희박해지는 지점이지요.

100km

이 지점을 **카르만 선**이라고 불러요. 로켓을 동력으로 하는 항공기라도 이 지점을 지나갈 수 없다고 계산한 과학자 '카르만'의 이름을 딴 곳이에요. 오직 우주선만이 카르만 선 너머로 나아갈 수 있어요.

잠시만요, 우리 우주로 넘어왔나요?

130km-150km

궤도를 돌고 있는 인공위성이 지구에 가장 가까이 다가올 수 있는 지점이에요. 인공위성이 이보다 더 지구에 가까워지면 더 두꺼워진 대기가 브레이크 역할을 해서 위성의 속도가 느려지고, 결국 지구로 다시 끌려오고 말아요.

700km

지구 대기의 가장 바깥쪽 부분인 **'외권'**이 시작되는 곳이에요. 이 영역은 지구의 일부이자 우주의 일부로, 지구로부터 10,000km까지 뻗어 있어요. 이곳에서 공기를 이루는 원자는 서로 부딪히지 않고 수천 마일을 이동할 수 있어요.

70 화성의 눈은…

육면체예요.

화성의 대기는 대부분 **이산화탄소**로 이루어져 있어요. 화성의 추운 겨울에는 이산화탄소가 얼어서 아주 조그마한 육면체처럼 생긴 결정으로 바뀌어요. 이산화탄소가 추운 곳에서 맺힌 결정이 **드라이아이스**예요. 화성에는 드라이아이스가 마치 눈처럼 내리죠.

지구에서는 물의 결정이 복잡한 모양의 눈송이가 되어요.

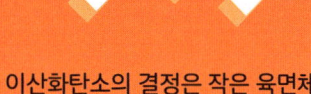

이산화탄소의 결정은 작은 육면체 모양을 이루어요.

화성의 극지방은 지구처럼 항상 얼음으로 덮여 있어요. 이 영구적인 얼음층은 대부분 물로 이루어졌고 겨울이면 드라이아이스로 덮여요.

71 우주 비행사는 무기를 몸에 지녔어요…

늑대나 곰과 싸워 이기기 위해서요.

러시아의 우주 비행사들은 (폭발적인 로켓 발사와 우주 유영과 같은) 우주 탐사 초기의 위험에서 살아남았다 하더라도 지구로 돌아왔을 때 늑대 무리나 배고픈 곰과 마주칠 위험이 있었어요.

우주 캡슐이 지구 대기로 재진입할 때는 무사히 착륙하기 위해서 낙하산을 펼쳐요.

하지만 초기의 캡슐은 조종하기가 어려워서 가끔씩 경로에서 수백 킬로미터나 벗어나기도 했어요.

몇몇 우주 비행사들은 착륙 지점을 지나쳐서 러시아 북부의 춥고 빽빽한 숲으로 떨어지고 말았어요.

숲에서 우주 비행사들은 먹이를 찾아 돌아다니는 동물들에게 둘러싸였어요. 구조대가 스키나 헬리콥터를 타고 찾으러 올 때까지 캠핑을 하며 기다려야 했지요.

많은 임무에서 특수한 **생존 무기**를 필수 장비로 갖추었어요. 세 개의 총구가 있는 총으로, 구조 요청 불꽃, 산탄 총알, 보통 총알을 발사할 수 있었지요.

72 달에 가기 위해 개발된 기술은…

지금은 집에서도 쓰이고 있어요.

1960년대에 아폴로 우주 비행사들은 혁명적인 무선 전기 드릴을 달에서 사용했어요. 그 기술은 지구로 돌아와 무선 진공청소기의 발명을 이끌었어요.

우주에서 사용하기 위해 개발되었다가 지금은 일상적인 기술이 된 예는 다음과 같아요.

긁히지 않는 코팅
우주용 헬멧 얼굴 가리개에 처음 사용된 특수 코팅은 지금은 안경 유리를 보호하는 데 쓰여요.

인공 팔
로봇 로버를 위해 개발된 기술은 더 좋은 인공 팔을 만드는 데 사용되고 있어요.

내열 재료
우주선을 보호하기 위해 개발된 재료는 지구에서 소방관들도 보호해 줘요.

냉동 건조 식품
가볍고 영양이 풍부한 냉동 건조 식품은 우주 비행사들과 등반가들이 같이 먹어요.

73 웜홀을 이용하면…

시공간을 통과해 날아갈 수 있어요.

이론에 따르면 웜홀은 우주의 두 지점을 연결하는 터널이에요. 웜홀이 실제로 존재하는지는 아무도 모르지만 천체 물리학자들은 '존재할 수 있다'고 생각해요. 만일 웜홀을 찾는다면 시공간을 이동하는 길로 사용할 수 있을 거예요.

천체 물리학자들은 강력한 중력장은 공간을 휘어지게 하여 구멍을 낼 수 있다고 믿어요. 이 두 구멍이 연결된다면 우주를 관통하는 웜홀을 만들 수 있어요.

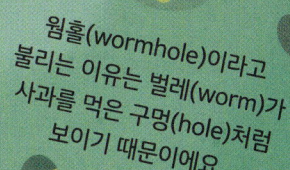

웜홀(wormhole)이라고 불리는 이유는 벌레(worm)가 사과를 먹은 구멍(hole)처럼 보이기 때문이에요.

하지만 웜홀에는 몇 가지 문제가 있어요.

…너무나 작고,

…붕괴할 수도 있고,

…웜홀이 우리를 어느 곳, 어느 시기로 이동시켜 줄지 알 수 있는 방법이 없어요.

그러니까 만일 당신이 웜홀을 통과한다면 수백만 년 미래의 어딘가로 갈 수도 있고…

멀리 떨어진 은하의 먼 과거로 갈 수도 있어요.

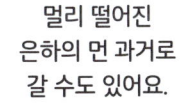

74 만일 오늘부터 태양이 타지 않는다면…

그래도 100만 년은 더 빛날 거예요.

태양은 원자핵이 충돌하여 융합하면서 빛과 열을 만들어요. 하지만 이 활동이 갑자기 멈추더라도 태양의 내부에는 오랫동안 빛을 낼 수 있는 충분한 에너지가 있어요.

태양의 내부는 마치 거대한 미로 같아요. 태양의 핵에서 만들어진 빛과 열은 표면으로 나오는 길을 찾아야 해요.

빛은 표면에 도착하는 데 **수백만 년**이 걸리는 길을 따라 태양의 내부를 이리저리 돌아다녀요.

열은 핵에서 표면까지 일정한 파동으로 움직여요. 열이 표면에 닿는 과정은 몇 년이 걸려요.

일단 태양의 표면으로 나오면 **열과 빛**은 지구까지 직선으로 날아와요. 우주 공간을 가로질러 지구에 도착하는 데 겨우 **8분** 조금 더 걸릴 뿐이에요.

걱정 마세요!
태양은 앞으로 적어도 50억 년 동안은 쉬지 않고 빛날 거예요.

75 우주 공간에서 금속은…

저절로 결합할 수도 있어요.

우주 비행사들이 우주 정거장 밖에서 수리를 할 때에는 두 개의 금속 물체가 닿지 않도록 아주 조심해야 해요. 두 금속이 금방 결합해 버릴 수 있기 때문이에요.

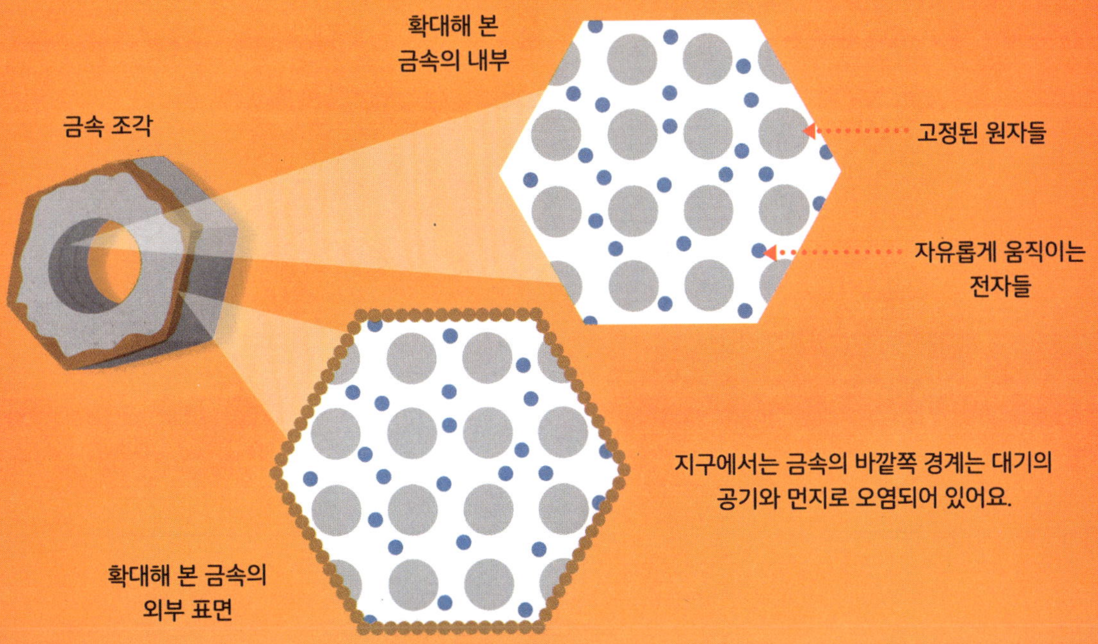

금속 조각

확대해 본 금속의 내부

고정된 원자들

자유롭게 움직이는 전자들

확대해 본 금속의 외부 표면

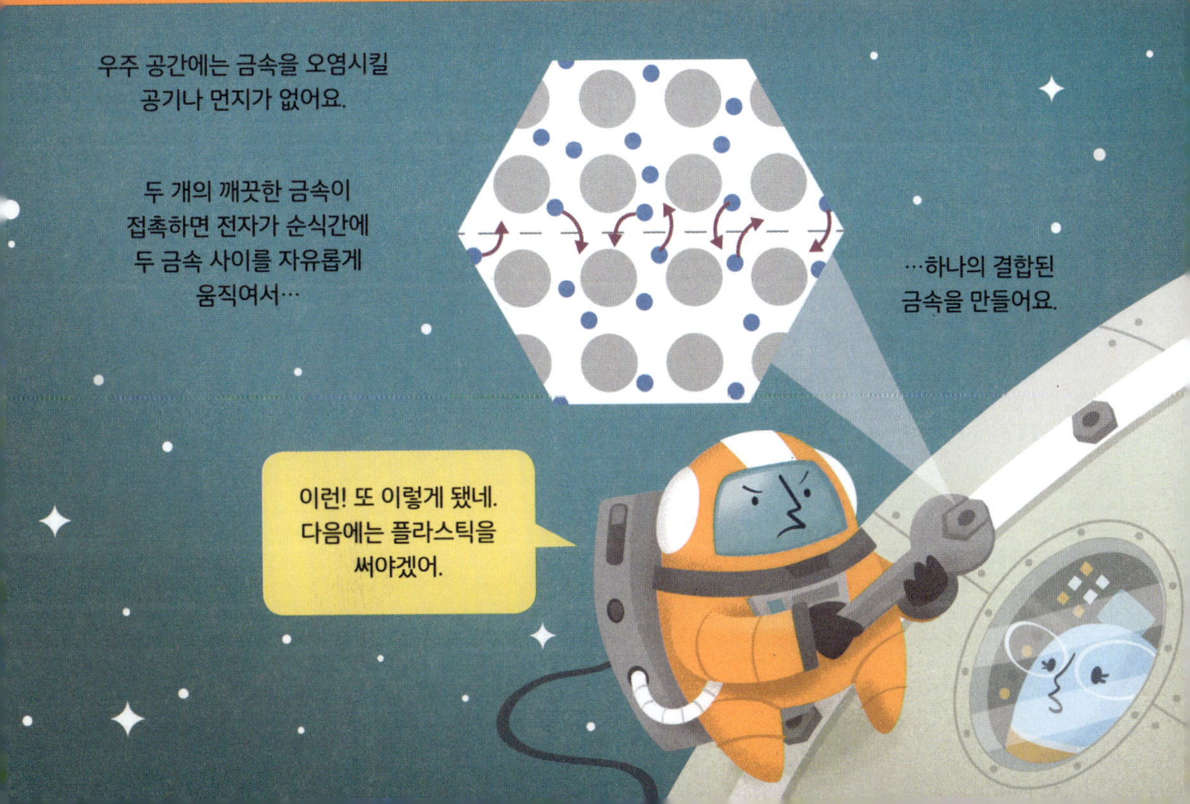

지구에서는 금속의 바깥쪽 경계는 대기의 공기와 먼지로 오염되어 있어요.

우주 공간에는 금속을 오염시킬 공기나 먼지가 없어요.

두 개의 깨끗한 금속이 접촉하면 전자가 순식간에 두 금속 사이를 자유롭게 움직여서…

…하나의 결합된 금속을 만들어요.

이런! 또 이렇게 됐네. 다음에는 플라스틱을 써야겠어.

76 지구 밖에서 한 최초의 스포츠는…

달에서 친 골프예요.

1971년 아폴로 14호의 우주 비행사 앨런 셰퍼드는
골프공 두 개와 골프채 한 개를 달로 가져갔어요.

달의 중력은 지구만큼 강하지 않아서…

골프채는 6번 아이언의 헤드와
샘플 채취용 삽의 손잡이로
만든 것이었어요.

우주복이 뻣뻣하고
두꺼워서 셰퍼드는 한 손으로
스윙을 했어요.

…골프공이 훨씬 더 멀리 날아가요.

현재 이 골프채는 지구의
골프 박물관에 보관되어 있고,
골프공들은 아직 달에 있어요.

77 유로파를 지구 식민지로 만들겠다면…

방문 예약을 하기 전에 한 번 더 생각해 보세요.

유로파는 목성의 위성이에요. 과학자들은 유로파의 얼음 표면 아래에 소금기를 띤 바다가 있고, 언젠가 인간이 가서 살 수도 있을 것이라고 믿고 있어요.

유로파: 어마어마한 목성의 경관

소금물 얼음 기둥을 보세요.

에베레스트 산보다 **20배나** 더 높아요.

60킬로미터 두께의 얼음 아래

물속 세계를
방문하세요.

이용 약관

- 왕복에 걸리는 평균 시간:
  12년

- 유로파의 표면 온도:
  -170도

- 유로파 표면의 방사선 수준:
  매일 108퍼센트, 인간에게 치명적인 수준임.

- 유로파의 중력:
  중력이 작아서 근육, 뼈 밀도, 시력이 약해질 수 있음.

- 유로파의 바다:
  알지 못하는 외계 생명체가 있을 수 있음.

- 얼음판 구조의 특징:
  얼음 지진이 일어날 수 있음.

- 생존이 보장되지 않음.

78 수성에서의 하루는…

거의 지구의 1년과 비슷해요.

수성의 자전은 아주 느리고, 수성이 태양 주위를 도는 공전은 아주 빨라요. 지구와 비교하면 하루가 아주 오랫동안 이어져요. 거의 1년이 흐를 만큼 길어요.

태양 주위를 한 바퀴 도는 공전 = 1년
행성 스스로 한 바퀴 도는 자전 = 1일

	하루 길이	1년 길이
지구	24시간 (지구의 하루)	8,760시간 (지구의 365일)
수성	1,407시간 (지구의 58일)	2,112시간 (지구의 88일)

수성에서의 1년은 수성의 1.5일과 같아요.

79 미란다의 절벽에서 뛰어내릴 때는…

낙하산이 필요 없어요.

천왕성의 작은 위성인 미란다의 표면은 깊은 계곡들이 잔뜩 늘어서 있어요.

이곳의 중력은 지구 중력의 **100분의 1보다 작아요.** 그래서 절벽에서 계곡으로 뛰어내리면 아주 천천히 떨어져 부드럽게 착륙할 거예요.

10분 동안이나 떨어지고 있어!

80 우주에는 무덤이 있어요...

오래된 우주선들의 무덤이에요.

지구 주위를 도는 위성들은 자동차처럼 낡고 망가져요. 너무 오래되고 낡아서 사용할 수가 없게 된 위성들은 **무덤 궤도**로 들어가요. 더 이상 사용되지 않는 위성들이 있는 궤도랍니다.

위성들은 마지막 남은 연료를 이용하여 지구에서 멀어져서 무덤 궤도로 들어가요.

무덤 궤도에 있는 위성들은 연료나 조종이 필요 없어요.

국제 우주 정거장 궤도: 400km
내비게이션 위성 궤도: 20,200km
무덤 궤도: 36,000km

지구 주위에는 **500,000개의 우주 쓰레기 조각들이** 떠다녀요.

우주 쓰레기 조각이 활동 중인 위성과 충돌하면 심각한 손상을 일으킬 수 있어요. 나사는 테니스공보다 큰 모든 조각을 추적하여 위험한 충돌을 피하고 있어요.

81 모든 것이 지구 주위를 돌았어요…

갈릴레오가 목성의 위성을 발견하기 전까지는 그렇게 믿었어요.

400년 전까지만 해도 사람들은 지구가 우주의 중심에 있고 태양을 포함한 모든 것이 지구를 중심으로 돈다고 믿었어요. 이런 주장을 **천동설(지구 중심설)**이라고 해요.

1610년 천문학자 **갈릴레오 갈릴레이**는 새로 발명된 기구인 망원경을 이용하여 목성을 관측했어요. 갈릴레이는 목성의 주위를 도는 4개의 위성을 발견하여 '모든 것이 지구를 중심으로 돌지는 않는다'는 사실을 증명했어요.

갈릴레오의 발견은 천문학자들이 지구를 비롯한 태양계의 행성들이 태양의 주위를 돈다는 사실을 밝히는 데 도움이 되었어요. 이 주장을 **지동설(태양 중심설)**이라고 해요.

82 태양은 작아요...

몇몇 다른 별들에 비하면요.

태양은 지구에 비하면 엄청나게 커요. 하지만 우주에는 태양보다 훨씬 더 큰 별들도 있어요. 이 별들은 너무나 커서 과학자들이 아주 큰 별들의 크기를 표현하는 특별한 단위를 만들었어요. 바로 **태양 반경**(R☉)이에요.

태양
주계열성
핵에서 표면까지의 거리
= 1태양 반경 (1R☉)
= 690,000km

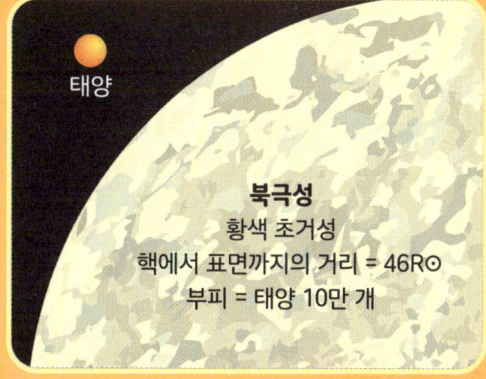

북극성
황색 초거성
핵에서 표면까지의 거리 = 46R☉
부피 = 태양 10만 개

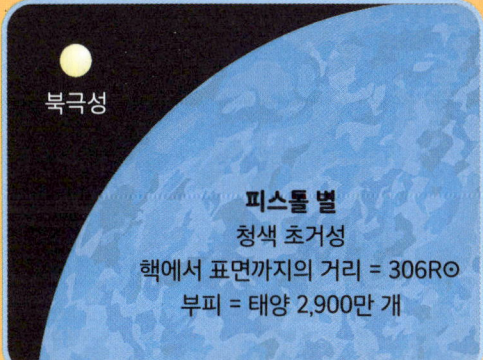

피스톨 별
청색 초거성
핵에서 표면까지의 거리 = 306R☉
부피 = 태양 2,900만 개

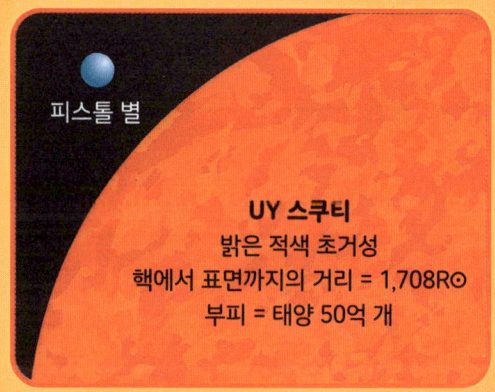

UY 스쿠티
밝은 적색 초거성
핵에서 표면까지의 거리 = 1,708R☉
부피 = 태양 50억 개

현재 알려진 별 중에서 가장 큰 별은 **UY 스쿠티**예요. 만일 이 별이 태양계의 중심에 있다면 그 크기는 목성의 궤도보다 더 먼 곳까지 덮을 거예요.

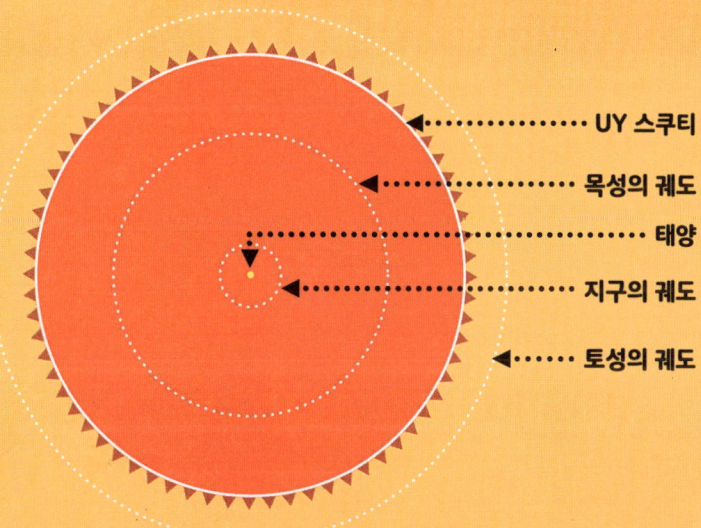

UY 스쿠티
목성의 궤도
태양
지구의 궤도
토성의 궤도

83 우주에서 온 불덩어리가…

지구를 때렸지만 아무도 몰랐어요.

1908년 소행성 혹은 혜성 조각이 지구의 대기로 들어와 공중에서 폭발하여 거대한 불덩어리를 만들었어요. 이 불덩어리가 일으킨 일에 관심을 쏟는 사람은 드물었어요. 폭발이 툰구스카라는 러시아의 외딴 오지에서 일어났기 때문이에요.

지구로 날아온 속도
시속 54,000 킬로미터

불덩어리의 온도
1,650도

이 불덩어리 때문에 일어난 일들:

4일
동안 밤하늘이 붉게 빛났어요.

2,000 km²
넓이의 숲이 파괴됐어요.

8,000만 그루
나무가 쓰러졌어요.

0명
사람은 아무도 죽지 않았어요.

1,000마리
순록이 죽었어요.

84 초기 우주복 디자인은…

토마토뿔벌레의 애벌레로부터 영향을 받았어요.

1943년 공학자 **러셀 콜리**는 자기 집 정원에서 애벌레를 발견했어요.

콜리는 주름 모양을 새 우주복의 연결 부분에 적용했어요.

애벌레의 몸은 나누어진 부분에 주름이 있어서 아주 유연했어요.

이 우주복은 **굿리치 XH-5** 혹은 **토마토뿔벌레 우주복**으로 알려졌어요.

85 태양에서 가장 가까운 별까지 가려면…

일생이 1,500번이나 필요해요.

태양에서 가장 가까운 별인 적색왜성 프록시마 켄타우리는 약 **4.25광년** 떨어진 곳에 있어요. 아폴로 10호 우주선의 최고 속도로 날아가면 도착까지 약 **10만 년**이 걸려요.

프록시마 켄타우리

100,000년

시간을 거슬러 10만 년 전으로 가면 인류의 역사가 막 시작된 때를 볼 수 있을 거예요.

86 떠돌이 행성은…

우리 은하 사이를 자유롭게 돌아다녀요.

과학자들은 우리 은하에 어림잡아 수십억 개의 **떠돌이 행성**이 있다고 생각해요. 이 행성들은 이를테면 다른 행성과 격렬하게 충돌한 결과로 자신의 항성계에서 떨어져 나와서 다른 어떤 별 주위도 돌지 않는 행성이에요.

떠돌이 행성은 별들 사이의 어두운 우주 공간을 끊임없이 떠돌아다녀요.

떠돌이 행성에게 빛을 보내 주는 별이 없기 때문에 떠돌이 행성은 낮과 밤이 없고 계절이나 세월의 변화도 없어요.

어떤 떠돌이 행성에는 생명체가 살 수도 있어요.

옆의 그림과 같은 행성에서는 수중 생물이 뜨거운 미네랄과 공기가 기둥처럼 뿜어져 나오는 곳 주변에 모여 있을 수 있어요. 또 거대한 동굴들 사이를 떠다닐 수도 있지요.

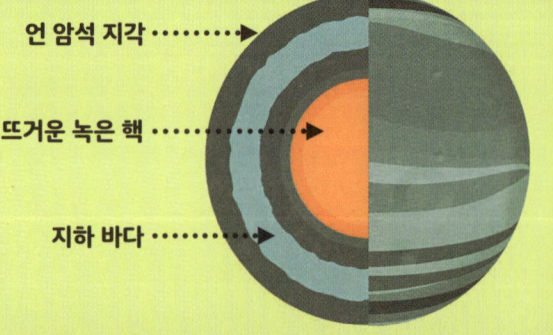

얼은 암석 지각
뜨거운 녹은 핵
지하 바다

어떤 천문학자들은 우리 태양계에도 거대한 행성이 하나 더 있었다고 생각해요. 그 행성은 다른 행성들이 여전히 태양 주위의 궤도에 머물러 있는 것과 달리 태양계에서 떨어져 나가 떠돌이 행성이 되었다고 생각해요.

떠돌이 행성 찾기

천문학자들은 떠돌이 행성들을 볼 수 없지만 **미시중력렌즈**라는 현상을 이용하여 찾을 수 있어요. 이 현상은 떠돌이 행성이 멀리 있는 별 앞을 지나갈 때, 떠돌이 행성의 중력이 잠시 동안 렌즈와 같은 역할을 해서 별빛을 **구부려 밝게 만드는 것**이에요.

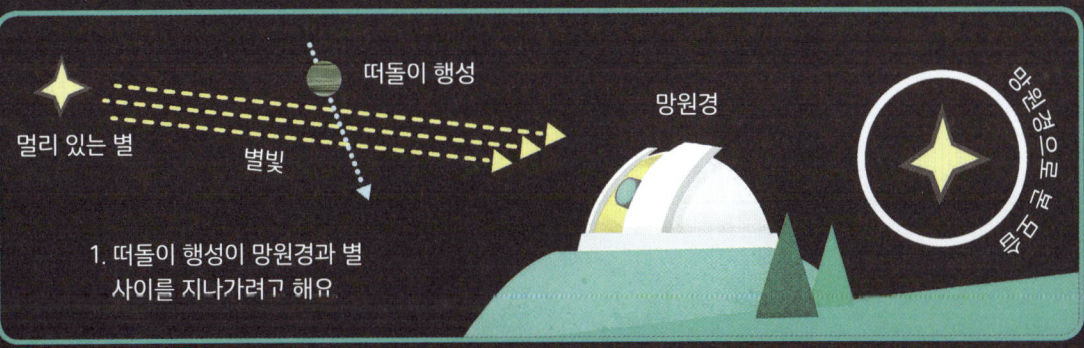

1. 떠돌이 행성이 망원경과 별 사이를 지나가려고 해요

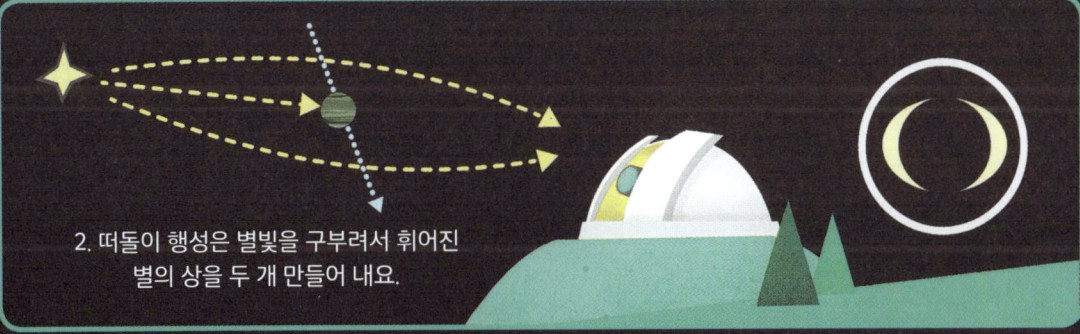

2. 떠돌이 행성은 별빛을 구부려서 휘어진 별의 상을 두 개 만들어 내요.

3. 떠돌이 행성이 지나가고 나면 별의 상은 원래대로 돌아와요.

87 11,000개의 엄청난 회오리가...

태양에서 만들어지고 사라지기를 거듭해요.

태양의 대기에서 가장 많은 부분을 차지하는 부분은 채층이에요. 채층은 두께가 수천 킬로미터나 되지요. 채층에서는 엄청나게 뜨겁고 자성을 가진 입자들이 거대하지만 수명이 짧은 회오리들을 만들어요.

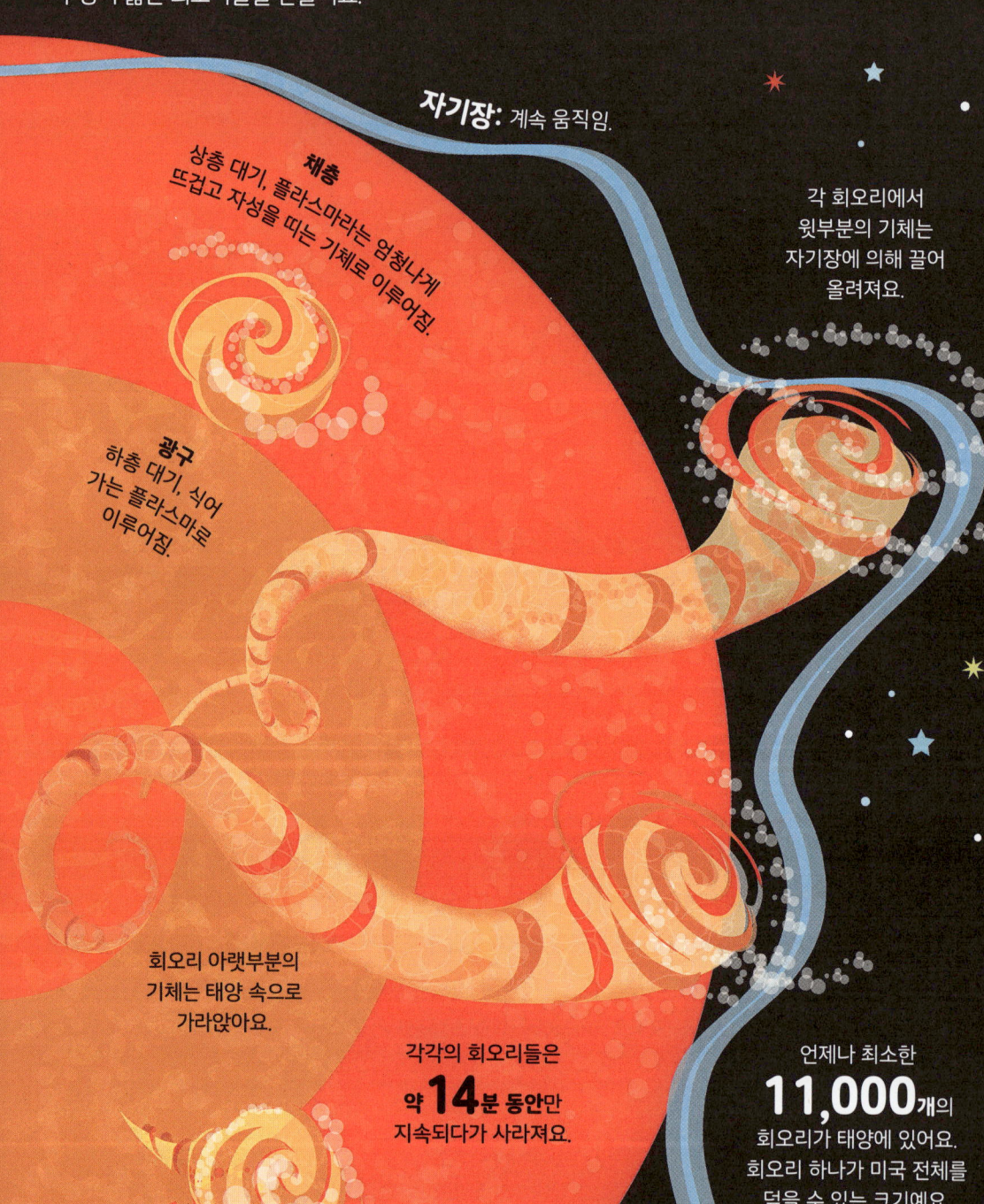

자기장: 계속 움직임.

채층
상층 대기, 플라스마라는 엄청나게 뜨겁고 자성을 띠는 기체로 이루어짐.

광구
하층 대기, 식어 가는 플라스마로 이루어짐.

각 회오리에서 윗부분의 기체는 자기장에 의해 끌어 올려져요.

회오리 아랫부분의 기체는 태양 속으로 가라앉아요.

각각의 회오리들은 약 **14**분 동안만 지속되다가 사라져요.

언제나 최소한 **11,000**개의 회오리가 태양에 있어요. 회오리 하나가 미국 전체를 덮을 수 있는 크기예요.

88 소련의 최고 로켓 설계자는…

단 한 번도 이름이 불린 적이 없어요.

세르게이 코롤료프는 소련의 로켓과 우주선의 최고 설계자였어요. 하지만 그의 정체는 국가 기밀이었어요. 혹시라도 외국의 비밀 정보 요원에게 납치되거나 목숨을 잃게 될까 두려웠기 때문이에요.

1907년
세르게이는 오늘날의 우크라이나에서 태어났어요. 어릴 적에는 글라이더와 비행기를 좋아했어요.

1938년
초기 로켓 기술 분야에서 일하게 됐어요. 하지만 글루쉬코라는 동료가 그를 반역죄로 고발해서 세르게이는 감옥에 갇혔어요.

1945년
그는 결국 사면을 받고 미사일 연구의 책임을 맡았어요. 다시 글루쉬코와 함께 일했지요.

노벨상 위원회는 '스푸트니크'의 설계자에게 노벨상을 주고 싶어 했어요. 하지만 소련이 설계자의 정체를 밝히는 것을 거부했기 때문에 줄 수 없었어요.

1957년
세르게이는 최초의 인공위성인 '스푸트니크'를 설계하고 발사했어요.

1953년
세르게이가 우주로 날아가서 지구의 먼 도시를 공격할 수 있는 미사일을 만들기 시작했어요.

세르게이는 몸에 걸칠 수도 없는 **일급 기밀 메달**을 받았어요. 그는 외국으로 여행할 수도 없었고 심지어는 사진으로 모습을 드러낼 수도 없었어요.

1961년
그는 '보스톡' 우주선을 설계하여 최초로 사람을 우주로 보냈어요.

1966년
세르게이는 수술 중에 세상을 떠났어요. 그제야 그의 이름이 세상에 알려졌어요.

89 우리는 소행성을 마시거나…
로켓 연료로 바꿔 쓸 수 있어요.

태양계에는 수백만 개의 소행성들이 떠다니고 있어요. 소행성은 대부분이 바위와 탄소, 얼음으로 이루어져 있지요. 언젠가 소행성이 얼음은 행성 사이를 날아가는 우주선에 마실 물과 로켓 연료, 공기를 제공해 줄 수 있을 거예요.

전류는 **물 분자를** 두 가지 원소인…

…(로켓 연료로 쓰는) **수소**로 나눠요.

…(숨을 쉬는 데 쓰는) **산소**와

필터로 물을 마실 수 있도록 정화해요.

소행성에서 캐낸 얼음을 모아 녹여서 **물로** 만들어요.

90 로켓이 로켓을 운반해요…

위급한 상황이 닥치면 말이에요.

많은 로켓에는 **발사 시 비상 탈출 장치**가 마련되어 있어요. 작은 로켓이 로켓 꼭대기에 여분으로 들어 있어요. 로켓을 발사하기 전이나 발사 도중에 생기는 위급한 상황에서만 작동하여 우주 비행사의 생명을 구하는 데 쓰여요.

1983년 소련의 '소유즈 T-10-1' 우주선이 발사대에서 불이 났어요…

발사 시 비상 탈출 타워 (로켓이 들어 있음.)

우주 비행사용 캡슐

…그래서 관제소에서 발사 탈출 시스템을 작동시켰어요.

발사 탈출 시스템의 로켓이 점화되어 우주 비행사 캡슐을 들어 올렸어요.

발사 시 비상 탈출 타워와 우주 비행사 캡슐은 발사대에서 무사히 빠져나왔어요. 타워는 땅으로 떨어지고, 캡슐은 낙하산을 펼쳐서 땅에 무사히 착륙했어요.

두 명의 소련 우주 비행사들은 아슬아슬하게 목숨을 건졌어요.

91 하늘에서 가장 밝은 별은…

사실은 두 개의 별이에요.

지구에서 밤하늘을 바라보는 사람들의 눈에 다른 어떤 별보다 가장 밝게 빛나는 별은 '큰개자리'에 있는 **시리우스**예요. 시리우스는 하나의 별로 보이지만 사실은 두 개의 별이 서로의 주위를 돌고 있는 **쌍성계**예요.

밤하늘에 보이는 **시리우스**의 모습

오리온자리

큰개자리

망원경으로 자세히 본 시리우스

비둘기자리

시리우스 A
태양보다
두 배 정도
무거워요.

시리우스 B
크기는 겨우
지구만 하지만
거의 태양만큼
무거워요.

시리우스는 지구에서 상대적으로 가까이 있기 때문에 특별히 밝게 보여요. 지구에서 여덟 번째로 가까운 별이에요.

109

92 치마 입은 컴퓨터들이…

초기 우주 탐사를 위해 경로를 계산했어요.

1950년대에 나사(NASA)는 로켓의 비행경로를 손으로 직접 계산하기 위해서 여성 수학자들을 고용해 팀을 만들었어요. 이때 활동한 수학자들 중 한 명이었던 **캐서린 존슨**은 자신들이 핵심적인 역할을 했지만 '치마 입은 컴퓨터'로밖에 여겨지지 않았다고 말했어요.

우주 탐사의 경로를 계산하기 위해서 로켓 과학자들은 많은 변수들을 고려해야 해요. 이 그림은 아폴로 11호의 경로에 영향을 주는 여러 변수 중에서 **8개**만을 나타내요.

1 지구의 자전
2 우주선의 가속
우주선이 떠날 때
3 지구의 중력

나사는 계산에 컴퓨터를 사용하게 된 후에도 계산 결과를 사람이 확인하도록 했어요.

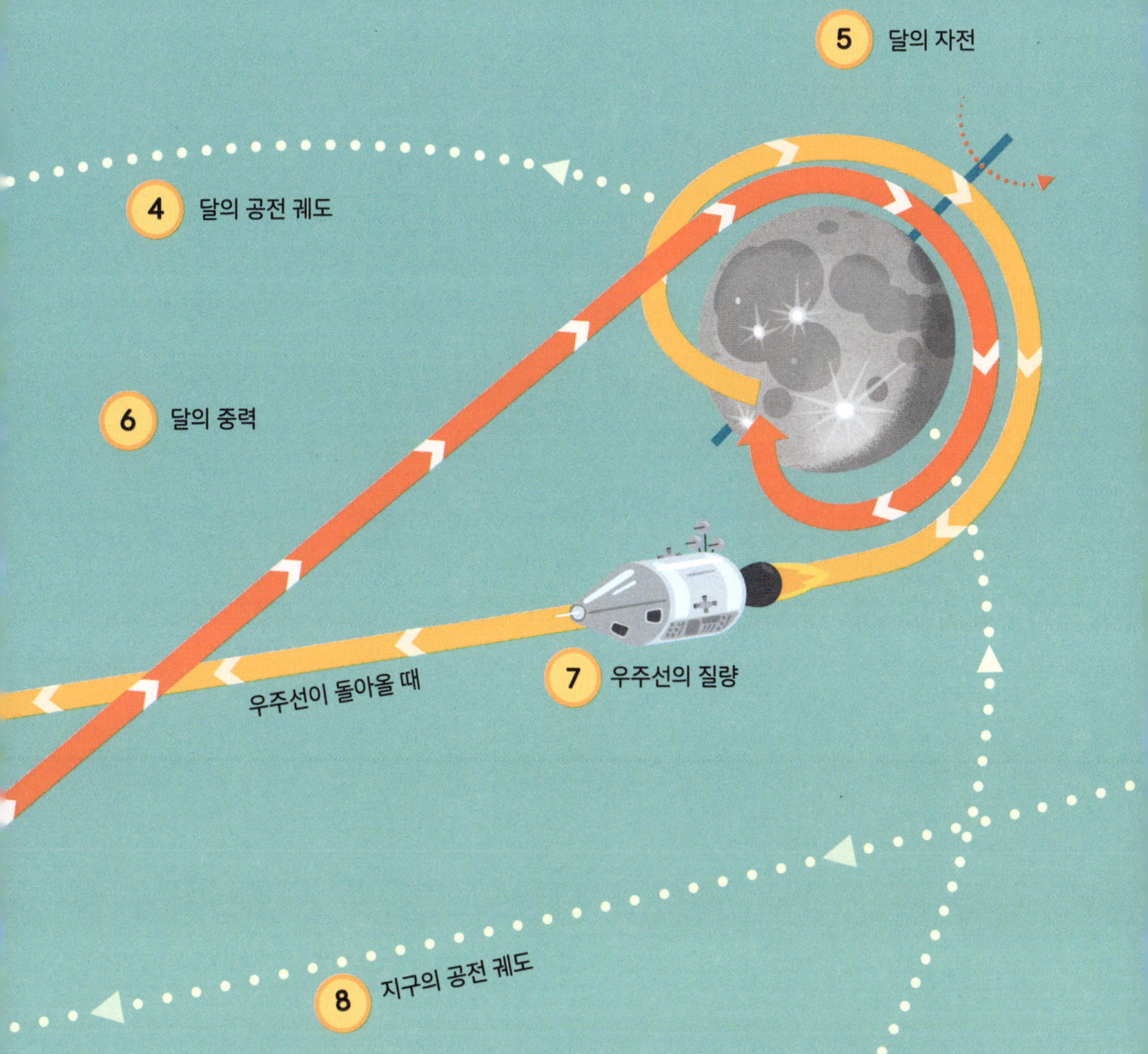

5 달의 자전

4 달의 공전 궤도

6 달의 중력

우주선이 돌아올 때

7 우주선의 질량

8 지구의 공전 궤도

캐서린 존슨은 나사의 첫 번째 유인 우주 비행과 첫 번째 유인 달 탐사의 경로를 계산했어요. 존슨은 '항공 우주 기술자'로서 공식적인 지위를 얻기 위해서 열심히 싸워야 했어요.

93 할 수 있다고 해서…

해야만 하는 것은 아니에요.

우주 탐사를 하려면 수많은 윤리적인 문제들을 고려해야 해요. 예를 들면 이런 것들을 생각해 봐야 하지요.

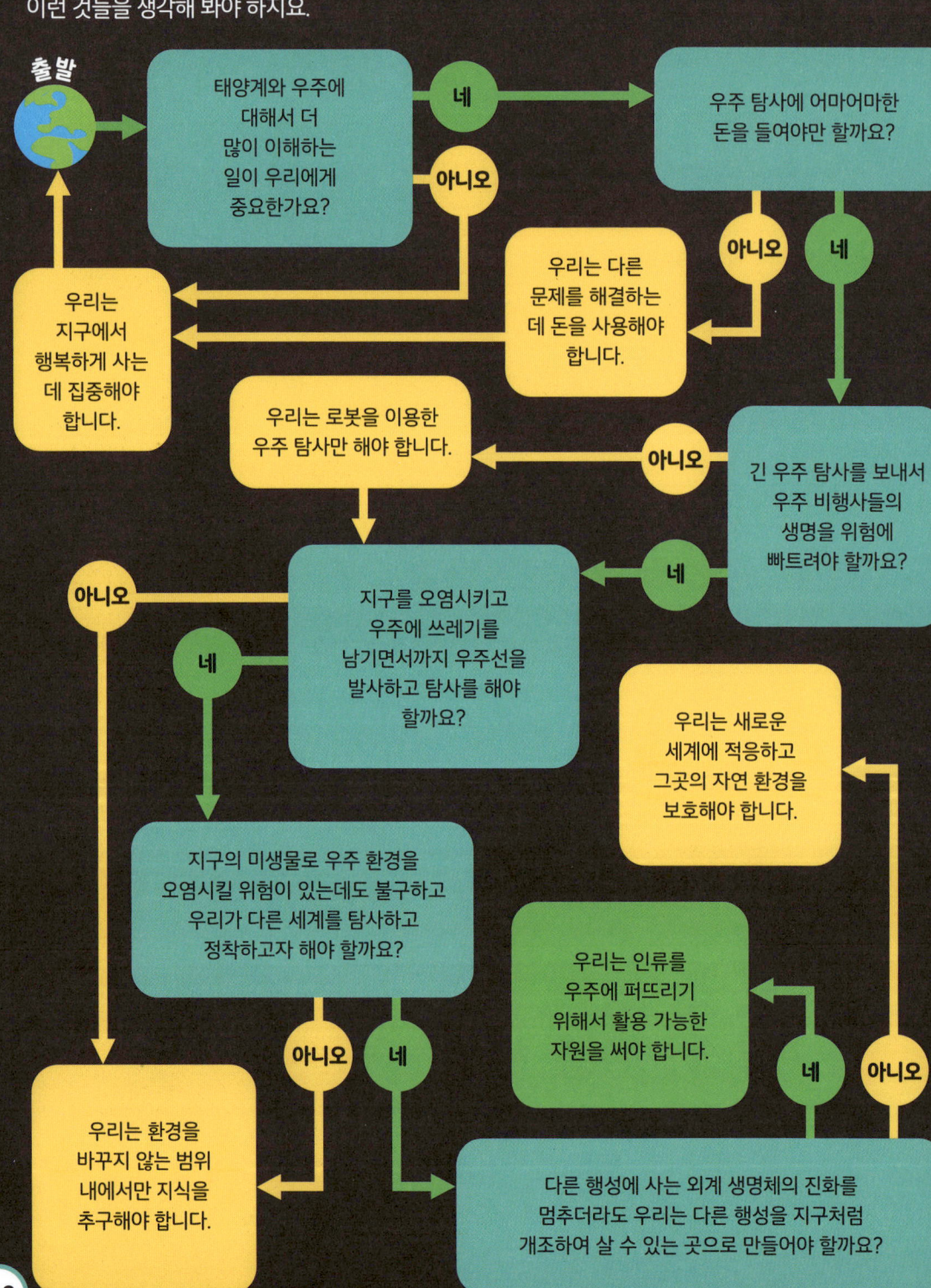

94 소행성도…

장식을 해요.

토성은 얼음과 먼지로 이루어진 거대한 고리를 가진 걸로 유명해요. 그런데 사실 꽤 많은 행성이 고리를 가지고 있어요. 2013년, 천문학자들은 얼음으로 된 고리를 가진 소행성을 관측하기도 했어요.

천왕성

나는 13개의 희미한 고리를 가지고 있어요. 아마도 부서진 위성 조각들로 만들어졌을 거예요.

소행성 **커리클로**는 천왕성과 토성 사이에서 돌고 있는 얼음으로 된 암석이에요. 비록 폭이 300킬로미터에 불과한 작은 행성이지만, 주위에 둘러진 두 개의 고리가 분명하게 보이지요.

커리클로

내 고리는 작지만 모양이 분명하게 보여요.

목성

내 둥근 고리는 아주 미세한 먼지로 이루어졌어요.

커리클로의 고리는 아마도 다른 우주 물체와의 충돌로 생겨난 걸 거예요. 이 고리들은 몇 백만 년 안에 우주로 흩어져 버릴지도 몰라요.

95 우주는 우리를 활활 태워 버리거나…

꽁꽁 얼려 버릴 거예요.

태양빛을 직접 받으면 태양에서 수백만 킬로미터 떨어져 있다 하더라도 너무 뜨거워 타 버릴 거예요. 하지만 빛이 닿지 않는 그늘로 들어가기만 하면 바로 식기 시작해요.

태양

우주의 진공에서 열을 잃는 데에는 몇 초가 아니라 몇 시간이 걸려요.

금성에 태양빛이 바로 와 닿을 때, 사람이 우주복을 입지 않고 있다면 몇 초 만에 타 버릴 거예요.

113

96 어떤 위성은…

행성보다 더 커요.

수성보다 큰 위성

가니메데
목성의 위성
반지름 = 2,634km

타이탄
토성의 위성
반지름 = 2,575km

달보다 큰 위성

칼리스토
목성의 위성
반지름 = 2,410km

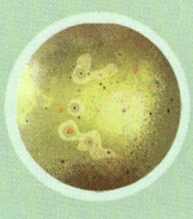

이오
목성의 위성
반지름 = 1,822km

명왕성보다 큰 위성

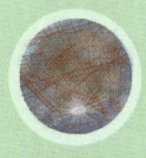

유로파
목성의 위성
반지름 = 1,560km

트리톤
해왕성의 위성
반지름 = 1,353km

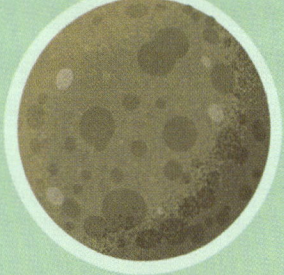

수성
행성
반지름 = 2,440km

달
지구의 위성
반지름 = 1,737km

명왕성
왜행성
반지름 = 1,151km

97 혜성 방어용 우산이…

사람들을 재앙에서 구하기 위하여 팔린 적이 있어요.

혜성은 얼음, 바위, 기체로 이루어진 덩어리로 태양의 주위를 돌아요. 1910년, 과학자들은 지구가 **핼리 혜성**이라는 혜성의 꼬리를 직접 통과하게 되어 끔찍한 결과가 일어날 것이라고 예측했어요.

과학자들은 혜성의 꼬리에 청산가리와 같은 독성 기체가 들어 있다는 사실을 알아냈어요.

사람들은 혜성 때문에 지구가 치명적인 독성 기체에 오염되고 바위 덩어리들이 지구로 쏟아질 것이라고 생각했어요.

알약부터 우산까지, 혜성으로부터 생명을 보호해 주는 제품들이 시장에 등장했어요.

결과적으로는 아무 일도 일어나지 않았어요.

핼리 혜성은 에드먼드 핼리 경에게서 이름을 따 왔어요. 1705년 핼리 경은 과거의 혜성들에 대한 수많은 기록이 사실은 지구 곁을 75년마다 지나가는 하나의 혜성을 가리킨다는 사실을 깨달았어요. 핼리 혜성을 볼 수 있는 다음 날짜는 2061년 7월이에요.

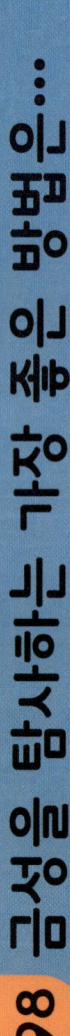

98 금성을 탐사하는 가장 좋은 방법은…

아마도 비행선을 이용하는 방법일 거예요.

금성이 표면에서는 사람이 살 수 없어요. 하지만 금성 하늘에 뜬 구름 위는 환경이 지구의 하늘과 비슷해요. 비행선을 탄다면 금성의 하늘을 안전하게 여행할 수 있을 거예요.

미국의 항공 우주국이 나서서 금성 유인 탐사를 장기 계획으로 준비하고 있어요. 바람을 넣어 부풀려서 날릴 수 있는 비행선을 이용할 계획이에요.

금성 대기의 풍속은 지구에서 태풍이 불 때의 풍속과 비슷해요.

금성의 공기는 대부분이 이산화탄소예요.

금성 표면에서의 대기압은 지구의 바다 밑바닥에서 받는 압력과 비슷해요.

대기 중의 이산화탄소는 구름에서 열을 붙잡아 둬요. 구름 높이의 대기 온도가 평균 **460도**나 되지요.

금성에는 치명적인 **황산**으로 이루어진 비가 내려요.

구름 아래에는 화산들이 폭발하는 황량한 사막 행성이 있어요.

금성의 하늘에 걸려 있는 두껍고 어두운 구름은 대부분이 **이산화황**으로 이루어져 있어요.

99 혜성을 발견하면…

자기 이름을 붙일 수 있어요.

지금까지 발견된 혜성은 6,500개가 넘고, 그중 많은 혜성을 아마추어 천문학자들이 발견했어요. 매년 너무 많은 혜성들이 발견되는 바람에 **국제천문연맹(IAU)**은 혜성의 이름을 붙이는 규칙을 엄격하게 만들었어요.

맨 앞에 있는 알파벳 글자는 **혜성의 특징**을 나타내요. 공전 주기의 길이에 의해 결정되는 이름이지요.

C - 공전 주기가 200년 이상이 혜성
P - 공전 주기가 200년 이하인 혜성
X - 공전 주기를 모르는 혜성

혜성이 발견된 **연도**

C / 2011 W3 (러브조이)

혜성이 발견된 시기를 정확히 나타내기 위하여 연도를 보름 단위로 나눠요. 나뉜 보름 단위는 알파벳으로 표시해요.

A는 1월의 상반기이고, **B**는 1월의 하반기예요. **W**는 11월의 하반기가 되지요.
3은 이 시기에 세 번째로 발견된 혜성이라는 의미예요.

맨 마지막 부분은 혜성을 발견한 사람인 테리 러브조이의 이름이에요. 러브조이는 IT 기술자이고 오스트레일리아의 자기 집 정원에서 5개의 혜성을 발견했어요.

100 아주 먼 미래에는 시간이 멈추고…

우주가 종말을 맞이할 거예요.

대부분의 천문학자들은 모든 별들이 결국에는 타서 없어질 것이라고 예상해요.
우주도 너무 크게 팽창하여 물체를 움직일 수 있는 에너지마저 없어지고
시간의 흐름을 측정할 방법도 없어질 거예요.

아주 차갑고, 모든 행성들의
회전이 멈추고, 생명은 어디에도
없을 거예요.

이것을 가리켜 **우주의 열 죽음**이라고 해요.

하지만 우주의 종말은 적어도
1구골 년 후에 일어날 일이에요. 구골은 1 뒤에
0이 100개나 붙는 아주아주 큰 수예요.

낱말 풀이

지금부터 이 책에 실린 몇몇 용어들의 뜻을 간단히 설명하려고 해요.
*이탤릭체*로 표시된 낱말은 풀이가 따로 실려 있으니 찾아보세요.
우주를 연구하는 다양한 과학자들의 직업이 궁금하다면 123쪽을 살펴보세요.

관측 가능한 우주 전체 우주 중에서 지구나 지구 근처에서 기구로 관측할 수 있는 영역.

광년 우주에서 아주 먼 거리의 측정 단위. 1광년은 빛이 1년 동안 이동하는 거리로, 대략 9조 킬로미터, 혹은 63,000AU가 된다.

광학 망원경 거울과 렌즈를 사용하여 가시광선을 볼 수 있는 *망원경*.

국제 우주 정거장(ISS) 전 세계의 우주 비행사들이 생활하고 일하는 지구 *궤도* 위의 우주선.

궤도 *위성*과 같은 천체가 *행성*과 같은 천체의 주위를 도는 고정된 경로.

궤도 운동 우주 공간에서 더 큰 천체 주위의 닫힌 경로를 따라 움직이는 운동.

나사(NASA) 미국의 항공 우주국. 우주 탐사와 연구를 책임지는 미국의 정부 기관.

대기 *행성*이나 일부 *위성*들의 주위를 둘러싸고 있는 공기층.

떠돌이 행성 별 사이의 공간을 떠돌아다니며 어떤 별의 주위도 돌지 않는 행성.

레이저 아주 강력한 광선.

로버 지상에서 이동할 수 있도록 설계된 자동 차량으로 보통 원격 조종으로 작동한다.

로켓 우주선을 강하게 밀어서 지구의 *인력*을 탈출할 수 있게 해주는 연료로 가득 찬 기구.

망원경 멀리 있는 물체를 볼 수 있게 해 주는 장치.

무인 탐사선 우주 공간과 같은 새로운 장소를 탐사하는 데 사용되는 차량이나 기계.

무중력 자유 낙하를 할 때 생기는 떠 있는 것과 같은 느낌.

미생물 박테리아와 같이 작은 생물.

밀도 특정한 *부피* 안에 포함되어 있는 물질의 양.

반구 구의 절반. 지구의 북반구와 남반구로 자주 사용된다.

백색왜성 수명을 다하여 더 이상 새로운 열은 만들지 못하지만 계속 빛나고 있는 별.

별 원자를 융합하여 엄청나게 강하고 오래 지속되는 열과 빛을 만들어 내는 큰 천체.

별 사이 하나의 은하에서 별들 사이의 공간.

별자리 모양을 만드는 것으로 보이는 별들의 무리.

복사 별과 같은 물질에서 방출되는, 열과 빛을 포함한 입자나 에너지의 흐름.

부피 어떤 물체가 차지하는 공간.

블랙홀 강력한 *인력*으로 빛조차도 빠져나가지 못하게 끌어당기는 붕괴된 별.

빅뱅 우주가 *특이점*에서 물질의 갑작스러운 등장과 팽창으로 시작되었다는 이론.

생명체 살아 있는 물체.

성운 우주 공간에 있는 거대한 먼지와 기체의 구름으로 서로 끌어당겨 별과 행성들을 만들 수 있다.

소련(Soviet Union) 러시아를 포함한 연방국으로 우주 경쟁의 주요 국가였으며 1922년부터 1991년까지 존재했다.

소행성 우주 공간에서 별의 궤도를 돌지만 *행성*이나 *왜소 행성*으로 분류될 정도로 크지는 않은 바위.

식 현상 우주에서 어떤 천체가 다른 천체의 뒤로 가려지는 현상.

아폴로 임무 우주 비행사를 달로 보내는 것을 최종 목표로 하여 *나사*가 수행한 임무.

암흑 물질 *원자*로 이루어지지 않고 눈에 보이지 않지만 강한 *인력*으로 알 수 있는 물질.

압력 한 물체의 *원자*가 다른 물체를 미는 힘. 예를 들어 지구 *대기*의 기체가 사람을 미는 힘.

왜행성(왜소 행성) 태양의 궤도를 돌고 다른 행성의 *위성*이 아니며 *위성*을 가질 수도 있는, 평범한 행성보다 작고 동그란 천체.

우주 시공간에 존재하는 모든 것.

외계 행성 태양이 아닌 다른 별의 *궤도*를 도는 행성.

우주 방사선 별에서 방출되는, 대부분의 *생명체*에게 치명적인 *복사*.

우주 전파 별에서 방출되는 복사의 일종으로 눈에 보이지는 않지만 *전파 망원경*으로 검출할 수 있다.

우주 정거장 사람이 생활하며 일할 수 있도록 우주 공간에 인공으로 만든 구조.

우주선 우주 공간을 여행할 수 있게 만든 탈것.

유럽 우주국(ESA) 유럽의 여러 나라가 함께 만든, 우주 탐사에 집중하는 기관.

원자 우리가 볼 수 있는 우주의 모든 물질을 이루는 고체, 액체, 기체의 구성 요소로 아주 작은 입자.

우주 배경 복사 빅뱅의 결과로 우주 전체에 퍼져 있는 *복사*.

운석 우주 공간에서 행성이나 위성의 표면으로 떨어지는 암석.

위성 행성의 궤도를 도는 천체.

은하 중심을 기준으로 궤도를 도는 수십억 개 별들의 집단.

은하 사이 은하와 은하들 사이의 공간.

인공위성 행성이나 위성과 같은 천체의 궤도를 돌며 신호를 주고받는 기계.

인력 별과 같은 천체에서 발생되는 힘으로 중력 때문에 서로 당기는 힘.

자기장 자석이나 별과 같이 자성을 띄는 물체의 주변에서 그 자석의 힘에 영향을 받는 영역.

자유 낙하 더 빠르게 떨어질 수 없을 정도로 빠르게 떨어지는 경험. 무중력으로도 알려져 있다.

적색거성 팽창하여 식어서 붉게 빛나는 별.

적외선 붉은빛보다 에너지가 조금 약한 빛의 종류. 눈에 보이지 않고 인체에는 해롭지 않다.

전파 망원경 초단파나 전파와 같이 눈에 보이지 않는 빛을 감지할 수 있는 망원경.

중성자별 무거운 별이 죽은 후에 남겨지는 행성 크기의 엄청나게 밀도가 높은 천체.

중력 두 물체가 서로 끌어당기는 힘. 지구를 태양의 궤도에 묶어 두는 힘. 만유인력으로도 알려져 있다.

지각 행성과 같은 천체의 단단한 표면층.

질량 어떤 물체를 구성하는 모든 원자의 양.

착륙선 우주선 중에서 위성이나 소행성에 착륙하도록 설계된 부분.

천문단위(AU) 우주에서 긴 거리를 측정하는 방법. 1AU는 지구와 태양 사이의 거리다.

초단파 별에서 방출되는 복사의 일종. 눈에 보이지는 않지만 전파 망원경으로 검출할 수 있다.

초신성 무거운 별이 붕괴하면서 생기는 폭발로 몇 달 동안 은하 전체만큼 밝게 빛난다.

초은하단 수백만 개의 은하들로 이루어져 있는 우주의 영역.

추진력 지구에서 발사되는 로켓과 같은 물체를 밀어 올리는 힘.

캡슐 우주선에서 우주인이 타는 부분.

크레이터(충돌구) 운석과 같은 암석 덩어리의 충돌로 행성이나 위성의 표면에 만들어진 구멍.

태양계 태양의 궤도를 도는 행성, 위성, 소행성들의 집단.

특이점 한때 우주의 모든 물질을 포함하고 있던 시공간의 한 점.

파장 별에서 나오는 빛과 같은 에너지 파동의 길이. 파장은 예를 들면 가시광선처럼 빛의 성질을 결정한다.

플라스마 전자가 원자에서 떨어져 나와 자기장을 띠게 된 매우 뜨거운 기체.

핵 행성과 같은 천체의 중심부.

행성 별의 궤도를 도는 아주 큰 천체.

행성 사이 태양계와 같은 하나의 항성계에서 행성들 사이의 공간.

행성 이주민(식민지 주민) 새로운 터전으로 이동하여 그곳에서 영구적으로 자리 잡고 살려는 사람.

혜성 별의 궤도를 도는 얼음과 먼지 덩어리.

화산 행성이나 위성의 표면 아래에서 뜨거운 액체가 분출되면서 만들어진 구멍.

힘 물체의 움직임이나 모양을 바꾸는 인력이나 척력.

우주 전문가들의 직업 목록

우주 공간은 지극히 넓을 뿐 아니라 많은 분야의 연구가 이루어지는 곳이에요. 이제 소개하는 목록은 우주 공간을 연구하는 여러 직업의 극히 일부랍니다.

공학자
건물이나 기기를 설계하고 만드는 사람.

비행 관제사
발사에서 착륙까지 우주에서의 임무를 계획하고 살피는 큰 팀의 일원.

비행 의사
훈련 중인 우주 비행사들을 돌보고 우주 비행사들이 우주에서 임무를 수행하는 동안 그들의 건강을 관리하는 사람.

외계행성 대기과학자
다른 별의 행성과 위성의 대기에 대해 연구하는 사람.

외계행성과학자
다른 별의 행성에 대해 연구하는 사람.

우주 공학자
로켓이나 우주선과 같이 지구의 대기를 벗어나도록 설계된 기기와 관련된 일을 하는 사람.

우주론 학자
우주가 어떻게 시작되었고 어떻게 될 것인지를 연구하는 사람.

우주 비행사
우주 공간으로 나가서 일을 하는 사람.

우주 생물학자
우주 공간이나 다른 행성과 위성의 생명체에 대해 연구하는 사람.

우주 화학자
별, 행성, 위성, 소행성, 혜성 등에서 발견되는 화학 성분들을 연구하는 사람.

천문 역사학자
천문학의 역사에 대해 연구하는 사람.

천문학자
주로 광학 망원경이나 전파 망원경을 이용하여 우주에 대해 연구하는 사람.

천체 물리학자
별에 대해서 연구하는 사람.

행성 과학자
행성, 위성, 그리고 태양계에 대해 연구하는 사람.

찾아보기

ㄱ

가니메데 114
갈릴레오 98
개 22
개미 26
거대 은하 70
거스 그리섬 61
검역소 26
고대 그리스 39
골프 67, 92
곰 86
공룡 24
과거의 행성들 12-13
관측 가능한 우주 7, 21
광년 20-21, 65, 101
구름 25, 117
국제 우주 정거장(ISS) 8-9, 23, 36, 38, 52, 62, 71
국제천문연맹(IAU) 118
궁수자리 B2 25
궤도 4, 5, 9, 36, 37, 52, 69, 80-81, 84, 96, 97, 98, 111
극한 생물 33
금 14, 23, 43
금성 10, 116-117
금속 91
금속 융합 91

ㄴ

나사(NASA) 35, 61, 62, 69, 97, 110, 111
날씨 35, 85, 104, 117
날짜 96
눈 85, 86-87
늑대 86-87
닐 암스트롱 28, 45, 66

ㄷ

다른 행성에서 살기 27, 30, 33, 54, 55, 94-95, 102, 112, 116
다이아몬드 14, 43
단위법 69
달 14, 15, 19, 24, 26, 28-29, 44-45, 50-51, 78, 92-93, 111, 114
달 먼지 50-51
달 탐사선 28, 51
달의 무늬 78
대기권 55, 73, 82-83, 85, 117
도릿 호플릿 11
동면(휴면) 53, 63
드레이크 방정식 30
떠돌이 행성 102-103

ㄹ

라즈베리 25
러셀 콜리 101
러시아 86-87, 100
러시아 어 8
레이저 64
로버 오퍼튜니티 82-83
로봇 27, 62, 66, 82-83, 88
로켓 35, 35, 42, 43, 44, 52, 84, 105, 108
로켓 V-2 32
로켓 과학 110
로켓 새턴 V 32
로켓 연료 42, 106
루나 9호 45

ㅁ

마야 인 10
마이크로파 16, 75
망원경 16, 56, 68, 75, 79, 98, 103, 109
명왕성 13, 20, 114
목성 57, 94, 98, 113
무기 87
무덤 궤도 97
무중력 상태 37, 38-39
물 27, 71, 85, 94, 106
물곰 63
물리학 법칙 18
미국 32, 44-45
미란다 96

ㅂ

발렌티나 테레시코바 44
발명 88
발사 시 비상 탈출 장치 108
발자국 51
밤하늘 11, 17
방사선 63, 73
버즈 올드린 26, 45
범종설(판스페르미아설) 33
베르너 폰 브라운 32
벨크로® 23, 39
별 6, 11, 16, 17, 47, 58, 65, 77, 98, 99
별자리 65, 109
보이지 않는 것 17, 58-59, 64
복사압 49
북극성 99
불덩어리 100
블랙홀 5, 77
비둘기 75
비용 62, 112
비행선 116
빅뱅 18, 75

빛 16, 17, 59, 82-83, 90, 103
빛의 속도 64, 77

ㅅ

사건의 지평선 77
사차원 34
산소 27, 55, 64, 72, 106
생명의 기원 33
세르게이 코롤료프 105
세실리아 페인-가포슈킨 74
소련 32, 44-45, 105
소리 64, 76
소리의 속도 42
소행성 12-13, 14, 31, 33, 48, 49, 55. 80, 100, 106-107, 113
소행성대 12, 31
손-지트코프 천체 47
수성 96, 114
수소 57, 74, 106
스반테 아레니우스 33
스파게티처럼 늘어나기 77
스파이 46
시간 34, 119
시간 여행 89
시라쿠스 39
시리우스 109
쌍성계 109

ㅇ

아낙사고라스 33
아레시보 메시지 79
아폴로 11호 26, 28, 32, 45, 66
아폴로 14호 92
아폴로 17호 29
아폴로 8호 45
안드로메다은하 20, 70
알렉세이 레오노프 45
알렉시스 부바르 68
암흑 물질 58-59, 60
압력 49, 63, 72, 117
애너 지트코프 47
애벌레 101
앨런 셰퍼드 44, 92
얼음 14, 27, 54, 85, 113
에드문드 핼리 115
열 42, 43, 57, 90, 104, 103
열 죽음 119
영국 왕립 천문 학회 60
오르트 구름 20, 21
오리온자리 65
온도 42, 43, 63
완보동물 39
왜소행성 12-13
외계인 30, 33, 79
요한 갈레 68
우르뱅 르 베리에 68
우리 은하 5, 6, 20, 70
우산 115
우주 4-7, 17, 20, 38, 113, 119
우주 경쟁 32, 44-45
우주 배경 복사 75
우주 비행사 8, 9, 22, 23, 28-29, 37, 38-39, 44, 45, 50, 51, 53, 62, 71, 84, 86-87, 91, 92, 108
우주 생활 9, 18-19, 23, 28-29, 38-39, 53, 61, 62, 71
우주 신발 51, 66
우주 쓰레기 97
우주 유영 23, 45, 86
우주 정거장 18-19, 36, 38-39, 75
우주복 23, 50, 62, 73, 101, 113
우주선 22, 31, 3,2 35, 36, 37, 44-45, 52, 53, 62, 64, 67, 69, 77, 97, 101, 105, 108, 110-111
우주선 보스톡 105
우주선 소유즈 T-10-1 108
우주선 스푸트니크 44, 105
우주에서 생명 찾기 27, 30, 79
우주여행 22, 26, 28-29, 32, 36, 44-45, 52-53, 61, 62, 84, 101, 108, 110, 112, 113
우주의 위험 72-73
우주 탐사선 보이저 1호 20
우크라이나 105
운석 50
원숭이 22
월식 19
웜홀 89
위성 80-81, 98, 113, 114
유로파 94-95, 114
유리 가가린 22, 44
유선형 64
유성 24
유진 서난 22
윤리 112
은하 6-7, 58-59, 70
은하 사이의 공간 14
음식 38-39, 54, 61, 88
이산화탄소 55, 85, 116,
이오 114
인공위성 36, 44, 46, 84, 97
일 년의 길이 96

ㅈ

자기장 73, 104
자유낙하 36-37
적색 초거성 47, 99
전파 16
전파 망원경 16, 75, 79

절대 영도 15, 63
제미니 3호 61
제트 추진기 23
존 영 61
존 코치 애덤스 68
중력 36, 58, 77, 96, 92-93, 103, 110
중성자별 47, 60
지구 4, 33, 40, 48, 96
지구 온난화 55
지동설(태양 중심설) 98

ㅊ

착륙 26, 28-29, 82, 83
찬드라 위크라마싱에 33
천동설(지구 중심설) 98
천문단위(AU) 20-21
천문대 56
천문학자 30, 47, 74, 75, 76, 79, 113, 118
천왕성 68, 96, 113
천체 물리학자 58-59, 89
초신성 56, 60
초은하단 6-7
초입방체 34
초파리 22
추진력 36
침팬지 22

ㅋ

카르만 선 84
칼리스토 114
캐서린 존슨 111
캐스린 오로라 그레이 56
캡슐 82, 86
커리클로 113

컴퓨터 110-111
켈빈 경 33
콘비프 샌드위치 61
크레이터 15, 24, 78
큰개자리 109
킵 손 47

ㅌ

타이탄 114
태양 4, 40-41, 43, 74, 76, 82-83, 90, 99, 104
태양 반경 99
태양 지진학 76
태양계 5, 12-13, 20-21, 31, 57
테라포밍 55
테리 러브조이 118
토끼 22
토성 14, 80-81, 113
툰구스카 100
특이점 18

ㅍ

파장 16, 17
프랭크 드레이크 30
프록시마 켄타우리 20, 101
프리츠 츠비키 60
플라스마 40, 76
피스톨 별 99

ㅎ

해가 지는 것 9
해왕성 20, 68
핵 43, 57, 76, 90
핼리 혜성 115
행성 5, 12-13, 30, 98, 102, 113

행성의 자전 4, 96, 110
헤르만 오베르스 32
헨리 러셀 74
혜성 14, 80, 100, 115, 118
화산 24, 43, 117
화성 14, 27, 52, 53, 54, 55, 82-83, 85
화성 기후 궤도선 69
화성 탐사 로봇 큐리오시티 27
화장실 62
회오리 114
후추 38

EMU 23
UY 스쿠티 99

인터넷에서 자료 찾기

어스본 영문 홈페이지에서 바로가기 링크를 살펴보세요.
우주에 관한 놀라운 사실들을 더 발견할 수 있어요.
다만 연결되는 웹사이트는 모두 영문으로 제공된답니다.
어스본 바로가기(usborne.com/quicklinks)에 방문해서
검색창에 '100 space things'를 입력해 보세요.

우리가 추천하는 웹사이트에서는 다음과 같은
일들을 해 볼 수 있어요.

- 별이나 은하 속으로 빨려 들어가기.
- 혜성에 내렸던 착륙선 찾기.
- 화성 탐사 로봇 '큐리오시티' 모형을 작동하기.
- 밤하늘에서 국제 우주 정거장을 찾아보기.

어스본 바로가기에서 추천하는 웹사이트의 내용은 계속 새롭게
바뀔 거예요. 하지만 어스본 출판사에서 직접 자료를 올리는 것은
아니라는 사실을 알아 두세요. 어린이가 인터넷을 사용할 때에는
부모님께서 지켜보면서 지도해 주시는 것이 좋아요.

어스본 출판사는 어스본 바로가기 이외의 정보 이용에 대한
법적 책임을 지지 않습니다. 또한 추천한 웹사이트에서
발생하는 바이러스 피해에 대해서도 법적 책임이 없습니다.